グローバル教育を実践する
——多様な領域からのアプローチ

杉浦未希子・水谷裕佳／共編
Mikiko Sugiura　Yuka Mizutani

Sophia University Press
上智大学出版

〈目　次〉

目次

上智大学グローバル教育センター設立一〇周年によせて

学校法人上智学院　理事長
佐久間　勤

上智大学グローバル教育センター設立から一〇年の間、上智大学建学の理念を現代の必要に呼応して実践し、国際的大学である上智のグローバル教育を創造的かつ精力的に牽引して来られたことに心から敬意を表します。現代世界は内に分断や対立の緊張を孕みながらも、今後もますます一体性を強めることでしょう。私たちは人類の一員として「共通の家」であるかけがえのない地球に住むことの責任を分担していかなければなりません。大学としてもこれに対応して、言語、文化、そして自然環境までも視野においた総合的な学びの機会を提供することが求められています。グローバル教育センターはその求めへの上智としての応答であり、留学の多様なプログラムを始め、国際機関などでのインターンシップ、国際協力あるいは平和構築に関するシンポジウムなどの企画運営ほか、多岐に亘る活動を展開しておられます。その根底には他文化との出会いの機会や現代世界の現実に直面する体験を学生に媒介するという、上智グローバル教育のミッションがあります。他者と出会い、他者と共に生きること、つまり「他者のために、他者とともに」(For Others, With Others) の教育精神に基づくミッションです。

国際的であるという上智大学の特徴は、「都に大学を」と望んだフランシスコ・ザビエルから受け継いでいるものです。上智大学キリシタン文庫所蔵の教皇グレゴリウス一三世像には、教皇が設立したヨーロッパなど各地の大学、学校が三〇校ほど描かれていますが、その中に府内のコレジヨ、安土、有馬のセミナリヨ、臼杵の修練院を見ることができます。さらに教皇在任中の重要な出来事として一五八五年に天正少年使節を引見した場面も描き込まれています。当時の日本への関心の強さもさりながら、少年使節の面々にとっては、いわば「留学」の経験であったとも言えましょう。またセミナリヨではヨーロッパだけでなく日本文学も教えていたこと、コレジヨでは天文学、哲学的人間論、神学を、しかも当時の最先端の理論も含めて教授していたことを、キリシタン版書籍の数々が物語っています。出会いの媒介となるという上智大学の教育ミッションの源流をここに見て取ることができます。

上智大学創立時にも国際性、とくにその多様性が重視され、ドイツ人、フランス人、イギリス人の三名のイエズス会員が学校の設立に携わり、もう一人のドイツ人が初代学長に就任しました。当時東アジアのカトリック界がフランスの影響下にあったことを考えると、多様性を重視する国際性であったと言えます。またグローバル教育に関しても、創立後二二年（一九三五年）には留学制度を発足させ、最初の留学生がアメリカのジョージタウン大学に派遣されました。また、創立間もない大学であった上智ですが、国際的な大学であるという意識と気概が校歌にも表れています。関東大震災で被災した校舎の復興を記念して一九三二年に制定された校歌は、ドイツ語学科生の作による歌詞に宇多五郎教授がリフレインの部分を加筆しました。そこにある「アルマ・マーテル」というラテン語表現は本来、伝統ある総合大学の称号であって、予科を含めても学生数五〇〇名弱の小規模校が使うのは身の程知らず、という批判もあったそうですが、教授は国際的に肩を並べる大学になるという気概を、敢えてこの言葉に籠めたということです。

上智の国際性という特徴は現代に至って大きく花開いています。大戦後の時代には国際部（後の国際教養学部）や外国語学部に限らず、各学部でネイティヴの外国人教授が教育にあたるという、日本に居ながらにしての留学経験ができる環境にありましたが、やがてその多くを占めていたイエズス会員教授が減少する一方で日本社会のグローバル化が急激に進展し、新たなグローバル教育体制の確立が急務となりました。長期計画「グランド・レイアウト」（二〇〇一～二〇一三年度）において上智大学の国際拠点化と国際的水準の教育研究体制の構築というヴィジョンが示され、さらに「グランド・レイアウト2.0／2.1」（二〇一四～二〇二二年度）でスーパーグローバル大学の一つとしての体制整備が飛躍的に進みました。グローバル教育センターはこれらの長期計画によって準備され設立に至ったものです。

このように上智大学のグローバル教育はフランシスコ・ザビエルの時代から今に至るまで一貫しています。上智の設立母体であるイエズス会創立者イグナチオ・デ・ロヨラは、より良く生きようと望む人への助言の一つとして「地の面にいる多様な人々」の現状を見るよう勧めています。ここに上智のグローバル教育の本質が表れています。自分が現に生きている世界のリアリティーに直面することに始まり、その経験から考察へ、さらには問題解決の具体的な行動選択を責任を持っておこなうという「識別」を実践する教育、言語や文化の壁を乗り越え、対立に和解をもたらし、人間を完成させる善へと至る人生の旅を支援する教育です。グローバル教育センターがこれからの上智大学発展のため、そのミッションを遂行していかれますように期待しております。

序にかえて

杉浦　未希子・水谷　裕佳

本書の目的

「グローバル教育」は、二〇二〇年代の現在までに、日本国内の様々な大学で聞かれる一般的な言葉となった。しかし、その言葉の定義は厳密に定まってはいないうえ、具体的な取り組みは大学ごとに異なっているのが現状であろう。各大学が、それぞれの理念や教育方針に基づき、かつ在学する学生の希望を叶えるためのプログラムを運営していることを考慮すれば、その実態が多様性に富んだものになるのは当然だと言える。

本書は、日本国内のグローバル教育全般について論じるのではなく、上智大学のグローバル教育センターにおける各教員の教育実践や、実践から得られた知見をまとめた。また、本書に記された見解は、グローバル教育センター全体の意向を公式に示したものではなく、あくまでもその立ち上げや運営に関わった教員の一部の個人的な見解である。上智大学という一つの大学の中でも、ある部局に限った取り組みを詳細に取り上げ、いわば日本のグローバル教育の黎明期における教員の現場での体験を、実感が伴う形で読者に伝えようとすることが、本書の最大の目的である。

上智大学グローバル教育センターの変遷

右に記した通り、本書は上智大学グローバル教育センターの公式見解をまとめた出版物ではないが、読者の理解を助けるために、同センターに関する基本的な情報を簡単に紹介しておきたい。

二〇一二年一〇月の設立以来、職員と教員の二人三脚で運営されるグローバル教育センター（設立当時の英語名はCenter for Global Discovery［CGD］、現在はCenter for Global Education and Discovery［CGED］）は、上智大学が日本の「大学の国際化」という動きを牽引することに貢献してきた。国際的な特色を持つイエズス会の大学としての上智大学の歴史は、聖フランシスコ・ザビエルが来日し、日本に大学が設立されることを願った一五四九年にまで遡る。そして、近年の動き、かつグローバル教育センター創設に直接関係がある点に絞ると、二〇〇一年に公表された「グランド・レイアウト」は大きな転機となった。それ以降の種々の事業とそれに伴う組織改変による環境整備は、上智大学のグローバル教育を一層加速させた。

関連する事業の全てをここに列挙することはできないが、それまでに進められてきた様々な取り組みを踏まえた形で、二〇一二年の文部科学省「グローバル人材育成推進事業」に採択されたことが直接的なきっかけとなってグローバル教育センターが誕生し、外国語学部や総合グローバル学部が中心的に運営を担った。そして、グローバル教育の強化に向けた新たなコンセプトとしてＳＩＥＤ（Sophia Initiative for Education and Discovery）が定められ、全学的なグローバル教育推進に向けた準備が進められた。さらに、二〇一五年「スーパーグローバル大学創成支援事業」の構想を受けて、グローバル教育センターは全学的な組織へ改変された。

全学化したグローバル教育センターでは、これまで上智大学の様々な部署や学部学科が担っていた機能や役割を、一層充実させた形で、「グローバル教育」という名前のもとに統一的かつ戦略的に果たすことが期待された。具体的には、従来の交換留学を含む海外プログラムの企画・開発および運営・促進のほか、留学相談、協定締結を含む国際連携、インターンシップ等グローバル教育関連科目の開発運営などである。同センターの運営は、学部学科の協力と理解、それとの連携があって成り立っている。

グローバル教育センターの業務内容が拡大、充実してきたことを具体的に示す取り組みとしては、「大学の世界展開力強化事業」の一角を成すＳＡＩＭＳプログラム（二〇一三年採択）、ＬＡＰ（南山大学・上智大学短大と共同、二〇一五年採択）が挙げられよう。これらは、対象地域をＡＳＥＡＮ地域とラテンアメリカにそれぞれ置く地域型のプログラムである。前者は関係六学部の教員とグローバル教育センター所属による教職員によって運営され、後者は外国語学部イスパニア語学科、ポルトガル語学科が中心となりつつ、グローバル教育センターの資源を活用して実施された。他方、二〇一八年採択の「ＣＯＩＬ型教育を活用した米国等の大学間交流形成支援」（お茶の水女子大学・静岡県立大学と共同）は、オンライン国際協働学習という手段に特化したプログラムであり、グローバル教育センターのコーディネートの下、学内各所の教員が参加している。

本書の構成

右にまとめたような絶え間ない成長と変化のうねりの中で実践されたのが、本書に記された教育活動である。各章の内容を以下に紹介したい。

第一章の「大学におけるグローバル教育の責任と役割――批判的サービス・ラーニングと特権自覚教育の有用性」において、出口真紀子は、社会的公正の実現を目的とした批判的サービス・

ラーニングを推進する必要性を述べている。出口は、学生は、自らの社会的な立場について内省することで、グローバル化した世界で他者と共に生きる力を養うことができると論じている。

第二章の「教育と研究の相乗効果――学生がグローバル課題に向き合うために取り組んできたこと」では、東大作が、国連事務総長などの国際機関の要人を上智大学に招聘し、学生との対談や議論の場を設けた経験を取り上げている。東は、このような教育活動が、自らの研究活動を強化していることを示すとともに、教育と研究が一体となってグローバルな課題の解決に寄与すると述べている。

第三章の「上智大学のグローバル教育、『一〇〇年目の決意』とその継承――ＳＩＥＤからSophia GEDへ」では、廣里恭史が、上智大学とグローバル化について詳細にまとめたうえで、その理念と実績を基にした活動を展開する会社法人であるSophia GEDの活動について論じている。タイに拠点を持つ同社は、日本で初めて海外に設立された教育・研修事業会社として、グローバル教育のあり方を新たな観点から問うている。

第四章の「グローバルな学びへの挑戦――オンライン国際協働学習（ＣＯＩＬ）」は、小松太郎が、国際教育の流れの中にＣＯＩＬを位置づけるとともに、開発途上国の大学をパートナーとするＣＯＩＬの実践例を示した。小松は、渡航を伴う海外留学の効果を比較しつつ、ＣＯＩ

Lが日本と途上国の若者の直接対話を促進し、グローバルな学びを得る機会となることを指摘した。

第五章の「エストニアへのスタディツアーからみる深いESDの実践と理論」においては、丸山英樹が、サステイナビリティをテーマとした海外でのスタディツアーを実践例として取り上げながら、グローバル教育における変容的学習や「深いESD」の重要性について論じている。丸山は、学生の社会化や主体化につながる学習や自己変容、生涯にわたる学習を、サステイナビリティの一環として捉えている。

第六章の「専門分野を核としたグローバル教育の実践——米国先住民研究者による取り組みと学び」では、水谷裕佳が、担当教員の専門性を活かした多様なグローバル教育のあり方について論じている。水谷が専門の研究領域とする米国の先住民族に関する事項は、米国の教育機関においては学習が不可欠なものになりつつあるため、日本から米国への留学を控えた学生の事前学習に位置づけることも可能である。

第七章の「環境をテーマとした多文化共生と学融合の実践——SAIMSプログラムの意義と学修成果可視化への課題」では、杉浦未希子が、アジアと日本を結ぶ留学プログラムに付随した学融合の実践例を紹介するとともに、グローバル教育の一環として開催されるプログラムにおける学修成果や教育効果の把握と可視化に関する課題を指摘している。杉浦は、単純な数値化に留まらない、多様性を考慮した評価方法の必要性を述べている。

また、本書では、佐久間勤上智学院理事長、曄道佳明上智大学学長、アガスティン・サリ上智学院総務担当理事が、上智大学の歴史や世界の動向を踏まえ、グローバル教育についてそれぞれの見解を述べている。さらに、グローバル教育センターで特任助教として各種プログラムの運営に携わってきた李ウォンギョンが、ＣＯＩＬを組み込んだ授業の実践に関するコラムを寄せている。

本書で取り上げる事例を通じて、日本の大学におけるグローバル教育の多様なあり方を議論する機会を提供できたとしたら、編者としてこの上ない喜びである。

第一章　大学におけるグローバル教育の責任と役割

――批判的サービス・ラーニングと特権自覚教育の有用性

出口　真紀子

近年、日本から途上国にボランティアに行きたい、夏休みなどに海外ボランティアを体験したい、など国際協力に関心を持つ高校生や大学生が増えている。将来国際協力に携わりたいと本学に進学してくる学生も多い。海外でのボランティアやサービス・ラーニングの経験を通して、現地の人々と交流し、自国での生活との違いに戸惑ったり、新たな発見や気づきを得たりする中で、自分自身に出来ることは何だろう、世界で起きている様々な問題に貢献できることはないだろうか、と考えることは、本人の進路において分岐点となることもあるだろう。本学に入学する学生の、こうしたボランティアやサービス・ラーニングが国際協力に関わりたいと思うきっかけになったという発言は、過去も現在も一定数あると感じている。

しかし一方で、例えば貧困層の子供たちと接した学生の、「子供たちの目がキラキラしていて、逆に元気をもらいました」、「自分の恵まれた環境に感謝しなければならないと思いました」など、現状に対する表面的かつ無批判的なところにとどまった感想を繰り返し聞くと、戸惑いを覚えることもある。ボランティア活動をした側にとっての利益のみが語られ、構造的な抑圧に苦しむ国や民族に対する「援助を必要とする不運な人々」といった固定観念は覆されないまま、「自分たちは良いことをした」という「善人」としての認識は、そもそも途上国・先進国といった構造的な不平等が起きている現状に対する視点が抜け落ちている感が拭えない。知らなかった世界に触れる喜びにとどまらず、より現状に対して批判的な目で見つめ、自分の置かれた立場そのものとも向き合い、長期にわたる構造的な変革を促すような考察に導くにはどうすれば良いのだろうか。また、そうした教育型のプログラムを開発する上で、大学は何ができるのだろうか。そのような問いについて考えていくのが、グローバル教育に携わる教育者のひとつの使命であると考える。

上智大学では、国際協力分野で活躍するための道を拓く大学としてのアイデンティティを築こうとしており、グローバル社会で活躍するために必要な高度な教養を幅広く習得してもらうための教育機会を、全学生に数多く提供している。その中でもグローバル教育センターという全学教育機関では、交換留学の協定先を拡充し、留学を促進してきただけでなく、国際社会の中のグローバル・シチズン（地球市民）として世界の課題を解決できるようになるための高度な専門性を習得する多様な科目を提供している。今では、短期語学研修などで外国語運用能力が習得できるプログラムや、グローバル・インターンシップ、サービス・ラーニング、スタディツアー、エクスポージャーツアーといった実践型プログラムも多数提供し、学生が世界を肌で感じられる体験型の教育機会を推進している。またオンライン国際協働学習（Collaborative Online International Learning, 以下、ＣＯＩＬ）では、留学しなくても、授業の中で海外大学とつながることで、オンラインで現地の大学生や専門家と協働学習が経験できるような教育機会を積極的に導入している。

本章では、今後の海外ボランティアやサービス・ラーニングの教育プログラムの在り方を模索する上で、よりクリティカル（批判的）なサービス・ラーニングの理念こそが必要であるという視座から、大学だからこそできるグローバル教育に焦点を当てたい。

従来型のサービス・ラーニング

サービス・ラーニングとは、高等教育機関の教室で理論を学ぶと同時に、非営利団体や社会福祉団体などの機関でボランティア活動を行い、教えられた内容について理解を深めるための振り返り活動を行う教育手法である（Jacoby 1996）。高等教育におけるサービス・ラーニングの実践と研究は一九八〇年代より米国で発展してきたもので、地域サービスを促進する狙いから高等教育機関がサービス・ラーニング実践をカリキュラムに組み込み、九〇年代以降に研究が急速に発展したという背景がある（Jacoby 1996）。サービス・ラーニングは、地域開発、慈善活動、ボランティア活動、コミュニティサービス、体験学習などが含まれる教育実践の総称であり、地域社会のニーズに応えることで、学校の単位取得や学位の要件に結びつく、というメリットが挙げられている。アメリカの大学などでは単位を付与できるようなサービス・ラーニングの実践型プログラムの開発がさかんになり、日本の大学でもこうしたプログラムが次々に作られるようになった。

サービス・ラーニングに参加することの学生側のメリットとしては、地域社会についての知識を深められる、自分自身についての洞察力が高まる、コミュニケーション能力、社会性、認知能力、学業成績の向上などが挙げられる。しかし一方で、サービス・ラーニングが非政治的立場をとったり、慈善事業的な姿勢を貫いたりすることで、教育者・学生ともに、「強力な送り手」と「脆弱な受け手」といった力関係の非対称性の構図を不問にしたまま、結局は受け手の負のステレオタイプを永続させてしまう効果について批判の声も増えている。そうした批判に応えるべく、理論と実践をつなぎ、新たな視点を培う教育プログラムとして、既存の枠組みを批判的に捉え、より構造的な理解や力関係の非対称性について学び、社会変革につながる社会的公正（social justice）の枠組みの中で活動を促すクリティカル・サービス・ラーニング（批判的サービス・ラーニング）の理念をここで紹介したい。

批判的サービス・ラーニングの枠組み

批判的サービス・ラーニング教育法は、現代のグローバリゼーションの流れの中で、現在および将来の世代のために公正で持続可能な世界を推進する上で、多くの地球的課題（貧困問題、食糧・水問題、衛生、教育、雇用など）が実際に「国境を越える」グローバルなものであり、若者がグローバル・シチズンとして他国の人々と連帯して解決策を模索し、実践していくことが求められている中で発展してきた。その中でも従来の慈善事業型の援助ではなく、社会的公正の概念に根ざした支援を心がけることは今まで以上に重要になってきている。「慈善的な考え方」から「社会的公正の考え方」へと移行させる重要性を説いた、教育者に対する意識改革のプログラムなども海外では増えている（Simpson 2017）[1]。

批判的サービス・ラーニング教育法は、伝統的な世界観の根底にある権力構造を理論的、実証的、実践的に解体する方法を学生に教えることで、社会的公正を推進することを目指している。サービス・ラーニングの専門家であるブーティン（Butin 2010）は、批判的サービス・ラーニング教育法の核となるのは、援助する力を持っている側、すなわち特権を持つ人々と、そうした力や特権を持っていない援助の受け手側との間に存在する力の非対称性に対する自覚である、と主張する。変革を促すような学びを実現するためには、まず、現状の世界がどのように機能しているか、という今まで当然視していた思考から、現状に対する批判的な姿勢へとシフトさせることが必要であり、それにより一層社会的に公正な行動へと導くことができるという考えだ。そのためには、まず、サービス・ラーニングの参加者自身が前提としている価値観や世界観を問い直し、自身の立場性を可視化することが求められるという。

立場性の可視化：特権の自覚を促す教育の重要性

批判的サービス・ラーニングにおいてブーティンは右記のように自身の立場性の可視化が求められると訴えているが、アメリカの社会的公正教育においても自身の立場性やその立場に付随する「特権」に自覚的になることを掲げている（Goodman 2011）。ここでいう「特権」とは、あるマジョリティ性の属性を持っている社会集団に属することで、労なくして得られる優位性と定義される（McIntosh 1988）。ここでのポイントは「労なくして得られる優位性」で、本人の努力ではなく、たまたま属性においてマジョリティ側に生まれた、あるいは属していることで自動的に受ける恩恵を意味する。人は誰でも、民族・人種、性別、社会階級、性的指向、性自認、年齢といった属性を持っており、その属性においてマジョリティ側・マイノリティ側に分けられるが、マジョリティ側[2]にいる場合は、その属性において社会構造の中で本人の意思とは無関係に優遇されるわけである。しかし、本人はそのような自動的な恩恵を受けているという実感は持ちにくいので、特権は、持っている者には自覚しにくいのが特徴である。そのため、人は社会的不平等を目の当たりにすると、それは個々の努力の結果として現われているだけだと個人の資質や能力の問題だと思いがちで、その不平等が構造的な不公正の結果であることになかなか気づけないのである。これは国家のレベルにも該当する。日本のように経済的な力を持つ国で育つと、途上国の問題はそれらの国自身が引き起こしたものであり、構造的に不利な仕組みの結果だという視点になりにくいのである。

　特権の自覚を促すことを推奨する教育者は、学生の立場性を可視化させ、構造自体をより公正にしていくため、社会変革のエージェント（change agent）へと育成することを掲げている。アライ（味方）という呼び方もされるが、社会的公正のために行動を起こす人々こそを育成しなければ、ということである。こうした教育においては、「特権を解体する」(deconstructing privilege) ことが重要だとされており、教育者は、学生が自分自身の特権や偏見、そして変化を起こすための可能な手段を批判的に分析する学習環境を作り、特権の解体を促す責任があると指摘する。

筆者も海外留学中にグッドマン (Goodman 2011) やマッキントッシュ (McIntosh 1988) の影響を受け、現在は日本で特権の自覚を促す教育を実践している。二〇一五年よりグローバル教育センター開講科目で全学共通科目として「立場の心理学~マジョリティの特権を考える」を開講し、現在に至る。本授業では、学生一人一人が自分のマジョリティ性・マイノリティ性を振り返り、マジョリティ性の属性において自動的に受ける特権にどのようなものがあるのか、この特権があることが社会の中で何を意味するのかを自省しながら学んでいく。様々なマジョリティ性・マイノリティ性のアイデンティティが交差することから、インターセクショナリティ(交差性)という概念を学びつつ、個別の属性(ジェンダー、人種・民族、性的指向・性自認、社会階級など)を丁寧に掘り下げることで、差別や人権侵害が他人事ではなく、自分も同じ構造の中におり、マジョリティ性の属性を持つゆえに、恩恵を受けている側にいる、ということを学ぶのである。こうした学びを得ることで、学生の多くは、自分の努力だけでフルタイムの大学生でいられるわけではないという自身の立場や、他の様々な特権に気づき、社会の不平等を他人事ではなく、自分事として捉えられるようになる。また、こうした構造的な問題を先進国・途上国といった関係に応用する学生も少なくない。批判的サービス・ラーニングの第一歩はこうした自身や自国の立場・特権の可視化から始まる。

共感力の育成の重要性

批判的サービス・ラーニングにおいて他者への共感力の育成も重要とされている。共感力（エンパシー）とは、他者の立場や感情に対して一体感を感じられる能力のことだが、単に他者の生きざまを情緒的に感じられる能力だけでなく、他者の世界観を想像できる認知的能力の両方が必要だとグッドマンは説いている（Goodman 2011）。こうした共感力を育てることこそが、民主主義国家の基盤であると考える人もいる。また、共感を持つこと、そして他者の視点に立って、置かれた状況からその人がどのような影響を受けているかを想像することは、学習者の積極性を促し、行動へと移行させる上で効果があると考える人もいる（Kohn 1990）。

他方で、共感力の中でも、パッシブ・エンパシー（受動的共感）への懸念を示す人もいる。ボーラー（Boler 1997）は、アメリカの大学生の共感力を高めることを目的とした大学の必修科目において、ナチスドイツのホロコーストの実話に基づいた小説『ＭＡＵＳ』[3]（邦題「マウス〜アウシュヴィッツを生きのびた父親の物語」）を読ませたことについて振り返っている。学生が『ＭＡＵＳ』を読むことで、ホロコーストがどのようなものであるかがわかったかのようにリアクションペーパーに書いてくるが、受動的共感の究極的なリスクは、そうしたテキストを飲み込みやすく捉えて、深い考察がないまま、次の消費へと移行することであると指摘する。つまり「共感をするだけでは、既存の力関係をシフトさせることにはつながらない」と指摘し、安全な場所から他者と関わる場合、自己防衛的な心理が働くので、表面的な関わりにとどまる可能性があると述べている。

文学・批評理論で知られる思想家のローゼンブラット（Rosenblatt 1938）も、世界で起きている紛争や災害などについて新聞を読むときは、自ずと感情を切り離して、いわば麻痺した状態で知識や情報だけを吸収することが習慣化されている中、その安全地帯からの脱却を促す責任が教員側にあると述べている。本来の教育とは、不公正を生み出す前提となる硬直した思考パターンをゆさぶり、権力と感情の複雑な関係を自己反省的に評価する能力と、それを柔軟に分析できる能力を育てる手段であるべきだと訴える。教育者として、共感力が受動的共感力にとどまって終わらないためにも、気をつけなくてはならない点であろう。ボーラーの話に戻すと、ホロコーストといった悲劇が二度と起こらないように意識を変革するための共感力・批判的思考を養うことが大切である。

批判的サービス・ラーニングの特徴

ミッチェル（Mitchell 2008）は批判的サービス・ラーニングのモデルには、以下のような三つの特徴があるとしている。それは、㈠社会変革への志向、㈡権力の再分配への取り組み、㈢オーセンティックな（真正性のある）関係の構築である。さらに、ハーキンズら（Harkins et al. 2020）は、サービス・ラーニングについて学生の人間関係が市民参加意識に果たす役割を探るため、学生の関係性（アシスタント・メンター、教員、コミュニティパートナー）と市民参加の成果に対する認識を調査した結果、以下の三つの関係性が、学生の市民活動に対する意識の発達と変革に大きな影響を与えていることを明らかにした。それは、学生と㈠教員、㈡コミュニティパートナー、㈢ピア（アシスタント）メンターとの関係である。つまり、ピアメンタリングには、社会的支援と市民活動成果それぞれとの間に正の相関があることがわかったのである。一方で、ピアメンタリングを受けた集団と受けていない集団とを比較したとき、二つの集団に対して行ったポストテストのスコアにおいて有意差がみられた。ピアメンタリングを受けなかった学生よりも、受けた学生の方が、市民的行動の数値が高く、社会的公正への態度についても有意差がみられた。さらに、指導教官やコミュニティのパートナーとの良好な関係を築いているサービス・ラーニングの学生は、社会的不公正の根源を理解し、公共政策の変革、人々の意識変容、社会における平等の必要性などといった、社会的公正に焦点を当てた態度をより多く報告していることがわかった。フォーカスグループでは、学生は、個人レベルで不平等を目の当たりにしたことが、より大きな制度的問題を考えるきっかけとなったと語っている。

このようにサービス・ラーニングがより力を発揮するには、有効なメンタリングの関係性が重要であり、そのパートナーが教員であれ、メンターであれ、コミュニティメンバーであれ、良い効果が出ていることが研究によって示されている。

サービス・ラーニングの研究事例

ここからは、若者たちが参加するボランティアやサービス・ラーニング活動におけるアメリカでの研究事例を紹介したい。ミッチェルが掲げた批判的サービス・ラーニングの基盤となる㈠社会変革への志向、㈡権力の再分配への取り組み、㈢オーセンティックな（真正性のある）関係の構築、のすべてがなされていない場合どうなるのか。それについて、ある研究事例をもとに説明したい。少し長い説明になるが、大変重要な点を示唆しているのでお付き合いいただきたい。

米国の社会学者であるネンガ（Nenga 2011）は、サービス・ラーニング（主にボランティア活動）に従事する若者を対象に大規模なエスノグラフィー研究を行い、批判的なアプローチのないままサービス・ラーニングを行う落とし穴を明らかにした。ネンガ自身の研究の問いは、比較的裕福な家庭の出身である若者が、老人ホームや被災地等の住宅建築支援等を行うハビタット・フォー・ヒューマニティ、電話によるピアカウンセリングホットライン、子供向けの放課後プログラムなどでのボランティアを通して、どの程度、社会階級における構造的な差別について理解し、向き合うことができるようになるか、であった。

調査対象となった四〇人の若者は中・上流階級の高校生・大学生で、半構造化インタビュー調査が行われた。その結果、若者の語りの中で、貧困の原因となる構造的な要因に関する研修がなされていない場合、学生は以下の三つの語りのパターンで自身の社会階級との折り合いをつけていることがわかった。㈠階級を認識することからの回避、㈡平等化のディスコースの採用、及び㈢文化資本のせいにする、である。一方で、ピアメンタリングなどを通して貧困の原因となる構造的な要因に関する研修を受けていた学生たちは、㈣社会階級的特権に挑む、といった貧困についての構造と自分自身の階級的特権にきちんと向き合っている姿勢が窺えた。

構造的な差別についての研修がなされていないケース

まず、ピアメンタリングがなされておらず、構造的な差別構造についての研修がなされないボランティア活動の結果をみていこう。㈠「階級を認識することからの回避」の分類には、奉仕活動をしている自分と相手の間の社会階級の違いに「気づかなかった」とする若者たちの語りが含まれている。米国では「カラーブラインド」、すなわち人種的マイノリティの人種に気づかないことこそが正しく公正な在り方だ、といった誤った考え方が浸透しており、逆に他者の人種に気づくことで「人種差別主義者」と思われるのでは、といった恐怖心が植え付けられていたりもする。ここでは、人種ではなく、「社会階級」「社会階層」に気づかないことで、自分は社会階層が低い人たちに対して差別はしていない、といったアピールとして捉えられる可能性をネンガは指摘する。若者の回答の中には、「社会階級を特定できるほど頻繁に家に行ったわけではない」などと、社会階級に言及したり向き合ったりすることを回避しているような語りや、違いに気づいても「それほどの違いではない」とすぐに矮小化する語りがみられた。このように多様な社会階級があること自体を直視できない・しようとしない姿勢では、区別イコール差別といった思考を反映し、自分自身の社会階級や立場性に向き合うこともできず、自己の変革は期待できないであろう。

二つ目の(二)「平等化のディスコースの採用」に集約された語りからは、貧困を「運の問題」であると捉えていることがわかった。このグループに属する若者は、社会階級の違いについては気づいており、「人々がこのような暮らしをしているとは思ってもみませんでした。かなり衝撃でした」と語るなど、社会階級に違いがあることは認めることができていた。しかし一方で、ボランティアをした対象は貧困層が多い中、貧困に陥るかどうかは、人それぞれの運に左右されるといった語りが目立ったと同時に、彼らはボランティア活動に内在化している力関係の非対称性を認めることに否定的でもあった。つまり、慈善事業（チャリティー）的なサービスを提供しているといった立ち位置をも否定・拒否する傾向がみられ、「チャリティーではない、なぜなら自分は彼らと対等に関係性を楽しんでいるから」と彼らの活動が慈善事業であるという捉え方に抵抗を示した。経済的に恵まれた若者たちが貧困層の人々へのボランティア活動を互恵的で非階層的な関係だと捉え直すことで、彼らは自分たちが貧困層の人たちと実は対等であると幻想を抱くことも可能となる。例えば、フードドライブでボランティアをした若者は、食料を手に入れることが「できない」という側面を除けば、自分とフードドライブの利用者は共通点が多く類似していると指摘したがる、といったように。

自分と援助を受ける側とは「対等」であると捉えたがる傾向は、本質的には皆同じ人間であるのに、なぜ自分は裕福で、相手はそうでないのか。その違いを説明しようとするときに、「自分はたまたま運が良く、彼らはたまたま不運だった」と、貧困を運の問題であるとする言説を用いることにつながったとみてとれる。多くの若者は、このような視点で貧困層をみることで、貧困層の人々を、「悪意のない、イノセントな被害者」とみることができる。こうした社会階級の違いが「運」を原因として起きる、といった言説を用いることは、自分自身に責任がないと責任を回避できることにもなる。こうした思考を用いると、自分自身の持つ社会階級的立場を可視化したり、構造的な視点で捉えたりすることに至らないのである。

三つ目の語りのパターンは、㈢「文化資本のせいにする」である。ここに分類された若者ボランティアたちは、異なる階層の人々と友好関係を築くのが難しい理由として、自分は被害者側に位置するといった語りを採用していたのが特徴的である。これらの若者は、服装や話し方、教育レベル、音楽の趣味や余暇の過ごし方などの違いが、援助の受け手からは拒否されている、と関係構築の障壁の責任を援助の受け手に押し付けた語りをした。こうした文化資本の違いのせいにすることは、貧困層の人々や労働者階級の人々が、自分たちの地位や文化資本に否定的な反応を示すことを想定して、自らの忌避的な行動につながったのではないか、とネンガは推測する。裕福な社会階級のボランティアに対して、労働者階級の人は「恨みを持っているはずだ」と決めつけ、自分ももし彼らの立場であったなら自分のような人間に対して恨みを持つだろうと想像もしていた。そのためか、こうした語りをした若者は、ボランティア活動中、受け手とは会話を積極的にすることもなかった。直接批判的なことを言われたのかとネンガが尋ねても、「いや、そう感じただけなんです。例えば、自分は髪が整っていて、高級で清潔感のあるシャツを着ていて、シャワーを浴びているから良い匂いがする。ただ、そうやってその場にいることで、彼らから否定的な評価をされているような気がする」と回答した若者の語りからわかるように、自ら忌避行動をとっていることが明らかだった。結果的に異なる階級の人々との持続的な交流がなかったため、若者ボランティアは、自分たちの社会階級的特権について学び、それに挑戦する機会をほとんど持てなかったのである。

ピアメンタリングや構造的な差別についての研修がなされたケース

ネンガがインタビューをした裕福な若者の中で、「社会階級的特権に挑む」という四つ目の語りのパターンに分類された若者には、皆、何らかの形で構造的な差別についての研修や学びの機会が提供されていたことが特徴的であった。彼らは、既存の固定観念をアンラーン（脱学習）し、貧困層にいる人々の困窮は決して本人の資質のせいではなく、構造的な抑圧の中で抜け出しにくい構造があることに気づいた、といった語りがみられた。ある若者は、「自分の親や周りの人たちは、貧しい人たちは怠けているが故に貧困に陥っている、自己責任だというが、実際に彼らの学校に行ってみると、彼らが大学に進学できないのは彼ら自身のせいだとは到底思えない。彼らが通っている学校がいかに私の学校と比べて資源も少なく、教育の質も低いかが理解できた」と語っていた。また、彼らは支援の受け手と社会階級を超えた良好な関係を生み出すことにも成功していた。彼らは、自身の社会階級的特権を認め、それ自体を批判的に見つめ、社会階級についての考えを見直すきっかけになったとも述べている。

ほとんどの若者は、ボランティア活動を始める前から社会階級的特権に自覚的だったわけではない。むしろ、こうした若者の多くは、当初は社会階級について考えることを避けたり、平等化する言説を採用したり、文化資本を理由に相手との距離をとっていたりしたと報告している。しかし、ボランティア活動を長く続ける中で、貧困の構造的原因を理解する研修やメンタリングを受けたり、コミュニティの人とのオーセンティックな関係性を構築したりすることで、一部の若者は社会階級的な立場性と向き合うようになることができたのである。このカテゴリーの語りの若者は、援助を受ける側がその境遇に置かれているのは個人の能力や努力や運のせいではなく、問題は不公正な社会構造にあると気づくのである。

ネンガの研究は、批判的サービス・ラーニングを実践しているプログラムと実践していないプログラムの違いが、学生の学び・成長にどう影響したかを明らかにした。経済的に恵まれた学生が自らの社会階級・経済特権に自覚的にならないままボランティアをすると、防衛的な戦略を用いた形で援助の受け手と接してしまい、残念ながらオーセンティックな関係性の構築は最後までできないままで終わってしまうのである。

結論

本章では、日本の大学で行われるサービス・ラーニングのプログラムを考えるときに、以下の点を盛り込むことの重要性を強調した。一つは、批判的サービス・ラーニングの理念に基づいたプログラム設計をすることで、単に援助の対象者に対して支援をするだけでなく、そもそも援助が必要となった社会構造自体をより公正にするためのチェンジ・エージェントになることを求めることが重要である。二つ目は、共感力が受動的共感にとどまらず、本当の意味で対象者と関わるためには、まず自身の立場性を客観視し、見えない特権を可視化することを事前準備とすることを提唱する。そして三つ目は、オーセンティックな関係の構築である。ハーキンズらの研究結果からも、教員やメンター、コミュニティメンバーとの関係性構築によるピアメンタリングが、構造へのより深い理解と市民活動に結びついていることが明らかにされた。

そのため、大学におけるサービス・ラーニングなどの実践型研修などを企画する際は、こうした批判的サービス・ラーニングの概念を反映したプログラム設計をする必要がある。さらに、日本でも、プログラムへの参加で学生は何を学ぶことができるのか、サービス・ラーニングが本来の目的を十分に果たしているかを研究していく必要がある。

さらに本学はイエズス会の「他者のために、他者とともに」というキリスト教ヒューマニズムに基づいた教育精神を掲げており、イエズス会にとって社会的公正は重要な理念の一つである。「可哀想な人たち」のためにボランティアするのは誰でもできるが、大学がサービス・ラーニングを学生にさせる強みというのは、ただ慈悲深い（compassion のある）人を育てたいのではなく、構造的な差別への理解はもとより、理論の裏付けがあり、研究の裏付けがあり、そして社会変革のリーダーになりうる人を育てる点にあり、これは大学として果たせる他にできない責務なのである。

私が教えている「立場の心理学2～特権の自覚と行動をつなぐ」は、自身の特権を可視化したあと、行動に移したい、社会変革の担い手となりたいと思う学生が履修する。この科目は、コレクティブ・アクション（集合行為）を起こすチェンジ・エージェントとしてリーダーシップを養うことを目的としている。

共感力は重要だが、共感力だけでは「貧困地域に行って大変勉強になりました」で終わってしまうことが懸念される。共感をもとに行動すること自体は、意味がないことではない。しかし、大学の一教員として思うのは、わざわざ大学が単位を出してまで学生を送り出す以上は、どういう意図で大学が学生を送り出すのか、を明確にする必要があるということである。他の団体や大学もやっているから単位をあげる、ではなく、大学の強みである理論・研究を取り込んだサービス・ラーニングこそ積極的に展開していく必要があり、大学及び教員にはそうした科目の設計と実施をする責任があると考えている。

［注］

（1）Simpson（2017）は、多くの学校や教育関係者にとって、グローバル教育はチャリティーや募金活動から始まり、この「チャリティー精神」を超えるものにはなっていないと批判し、グローバル・ラーニング・プログラム（GLP）を実践し、教育者を「慈善的な考え方」から「社会正義の考え方」へと移行させるための手法を紹介している。

（2）マジョリティ・マイノリティというと多数派・少数者と数のことだと捉えられることが多いが、ここでは、数ではなく、どちらにより権力（パワー）があるかを問題にしているため、マジョリティの方がより権力（パワー）があり、マイノリティはより権力（パワー）がない側だと捉えている。

（3）『ＭＡＵＳ』とは一九八六年に出版された Art Spiegelman 作のグラフィック・ノベルで、ユダヤ人をねずみとして、ドイツ人を豚として表現し、注目された作品である。

■主な参考文献

Boler, M. (1997). The risks of empathy: Interrogating multiculturalism's gaze. *Cultural Studies,* 11(2), 253–273, DOI: 10.1080/09502389700490141

Butin, D. W. (2010). *Service-learning in theory and practice: The future of community engagement in higher education.* Palgrave Macmillan.

Goodman, D. J. (2011). *Promoting diversity and social justice: Educating people from privileged groups.* New York: Routledge.

Harkins, D. A., Grenier, L. I., Irizarry, C., Robinson, E., Ray, S., & Shea, L. (2020) Building relationships for critical service-learning. *Michigan Journal of Community Service Learning*, 26(2), 21–38.

Jacoby, B. (Ed.). (1996). *Service learning in higher education: Concepts and practice*. San Francisco: Jossey-Bass.

Kohn, A. (1990). *The brighter side of human nature: Altruism and empathy in everyday life*. New York: Basic Books.

McIntosh, P. (1988). *White privilege: Unpacking the invisible knapsack*. Peace.

Mitchell, T. D. (2008). Traditional vs. critical service-learning: Engaging the literature to differentiate two models. *Michigan Journal of Community Service Learning*, 14(2), 50–65.

Nenga, S. K. (2011). Volunteering to give up privilege? How affluent youth volunteers respond to class privilege. *Journal of Contemporary Ethnography*, 40(3), 263–289. DOI: 10.1177/0891241611400062

Rosenblatt, L. (1938). *Literature as Exploration*. New York: Noble & Noble.

Simpson, J. (2017). “Learning to unlearn” the charity mentality within schools. *Policy and Practice: A Development Education Review*, 25, 88-108.

第二章　教育と研究の相乗効果
――学生がグローバル課題に向き合うために取り組んできたこと

東　大作

はじめに

私は、二〇一六年四月に上智大学のグローバル教育センターに赴任した。上智大学グローバル教育センターは、交換留学やインターンシップ、スタディツアーや、グローバル関係の授業やセミナーの開催など、上智大学におけるグローバル関係のプロジェクトを統括する機関である。そのセンターの教授として赴任した以上、「少しでも多くの学生に、一国では解決できないグローバルな課題に関心を持ち、できれば卒業後、様々な職場において、そのような課題の解決に尽力してくれるような人に育ってもらう、そのためのきっかけとなるようなプロジェクトを実施したい」と考え、微力ながら努力を続けてきた。

この章では、㈠私の簡単な経歴と、これまでの信頼関係を活かし、国連事務総長など、普段、学生が直接話をできない人たちの上智大学での招聘講演などにどう取り組んできたか。㈡二〇一六年の赴任以来続けている、授業と公開のセミナーを組み合わせた「人間の安全保障と平和構築」連続セミナー（自主研究「グローバル課題」）の取り組み。㈢二〇一八年から新たに実施している「持続可能な開発目標（ＳＤＧｓ）を学ぶ」という連続講義形式の授業。㈣二〇一七年に実施した東ティモール・スタディツアーや、それをきっかけに設立された、上智大学サークル「平和構築・国際協力研究会」の顧問として取り組んでいること。㈤それ以外のアフガン和平プロセス連続セミナーや、南スーダンやミャンマーの平和構築に関する単発のセミナーなど、自分の専門分野を活かしたプロジェクトと、自分の研究や調査、政策提言との相互関係などについて紹介し、「教育と研究の相乗効果」について所見を述べたいと考えている（なお㈠の大学への招聘について、今後の参考にもなるかもしれず、かなりの紙幅を使っている）。

国連事務総長、国連総会議長、国連副事務総長などの招聘講演

・上智に来るまで

私は一九九三年に大学を卒業した後、最初、ＮＨＫ報道局のディレクターとして、世界各地の戦争や紛争解決の問題、国内における介護の問題や犯罪被害者の支援の課題などについてＮ

ＨＫスペシャルなど番組を作る仕事を一一年四か月経験した。その後ＮＨＫを退職し、カナダのブリティッシュコロンビア大学の政治学科で、MAとPhDを取得した。専門は和平調停や紛争後の平和構築であり、アフガニスタンや東ティモールで現地調査をして博士論文を書いた後、国連アフガン支援ミッションの和解再統合チームリーダーとして、紛争下の首都カブールで一年間勤務し、当時のアフガン政府とタリバンの和平協議に向けた制度作りを支援した。その後、東京大学総合文化研究科・人間の安全保障プログラムの准教授に採用になったが、二〇一二年から二〇一四年まで、大学と外務省の人事交流でニューヨークにある国連日本政府代表部の公使参事官として、やはり和平調停や平和構築に関する活動を統括した。大学に戻った後、上智大学グローバル教育センターのテニュアのポストでお誘いを頂き、二〇一六年四月に赴任した。

・国連事務総長の招聘の助言と交渉

移籍した二〇一六年四月に、科研費の基盤Bで申請していた助成金、「平和構築と政治的排除～なぜ過ちは繰り返されるのか」が採択となり、現地に調査に行く基盤ができた。その後、南スーダンや、シリアの周辺国などで現地調査をしては、ニューヨークの国連本部の政務・平和構築局で発表する活動を続けていた。

そんな矢先、私が副センター長を務める「上智大学国際協力人材育成センター」の外部アドバイザーの方々との二〇一七年春に行われた懇談の中で、「二〇一七年一月に新たに国連事務総長になったアントニオ・グテーレスさんが日本に来る際に、上智大学に招聘して講演をしてもらったらどうか？」というアドバイスを頂いた。素晴らしいアイデアだと思ったが、上智大学が設立されてから一〇〇年以上たっているものの、現役の国連事務総長の招聘をしたことはまだなく、実現できるかについては、雲をつかむような話であった。

その後私は、二〇一七年の夏休みに、科研費を使って当初から予定していたシリア内戦の和平プロセスの調査のため、数百万人のシリア人が逃れていたレバノンに二週間滞在してシリア難民の方々への聞き取りを行った。またその後、ジュネーブに移動して、かつてアフガン時代の自分の上司スタファン・デミツラ国連シリア特使へのインタビューをはじめ、在ジュネーブ・シリア大使、ロシア、イランなど、シリア政府を支援する側の国々の代表、またサウジアラビア、カタール、トルコ、EU、米国など、反政府側を支援する国々の代表者にインタビューして現地調査を実施した。その調査の内容について、二〇一七年一〇月にニューヨークの国連本部の平和構築支援オフィス主催の講演会で発表できることになり、自分の科研費を使って出張することになった。

出張前に、曄道佳明学長にお会いし、「自分は調査の発表で国連本部に出張に行くので、国連事務総長の招聘について、もし自分に任せてもらえるようであれば、交渉してきたい」と相談し、快諾を得た。まず曄道学長からグテーレス国連事務総長宛ての手紙を作成しサインを頂いた後、国連本部の友人に相談したところ、そのための専門のEメールアドレスがあるとのことで、そこに手紙を出した。

手紙を実際に出す直前に、日本の外務省の国連企画調整課長や国連政策課長、平和協力室長などにお会いして、国連事務総長に特別講演を依頼する手紙を出す旨を事前にお伝えし、手紙も渡しておいた。国連事務局に依頼をしたら、すぐに、日本外務省の出先である国連日本政府代表部などに質問が来ることは確実だからだった。

二〇一七年一〇月二八日に、上智大学で「ＳＤＧｓに関する特別シンポジウム」を私の方で開催する必要があり、その翌日からニューヨークに出張だったのだが、シンポジウムの終了後の懇親会で、ＵＮＤＰ（国連開発計画）日本事務所の近藤哲生代表にもこの件を相談したところ、「国連広報センターも重要なので、そちらにも話を通しておいた方がよい」と貴重なアドバイスを頂いた。それで、国連広報センターの根本かおる所長にも、こうした依頼を国連事務総長にしていることを、私と曄道学長の双方からお伝えして協力を要請した（実際にその後、根本所長に問い合わせがあり、熱心に上智を推薦して下さったことはとても感謝している）。

ニューヨークに到着して、当時の国連日本政府代表部の常駐代表（日本の国連大使）にも国連事務総長への手紙を共有し、趣旨を説明した。国連大使からは「ちょうど二〇一七年一二月に、国連事務総長が日本に行く予定があるのだが、実際には半日くらいしか日本にいないので、講演までは難しいかもしれない」という反応だった。しかし、交渉を続けることについてはご快諾頂いた。シリアの調査に関する講演をした後、私は平和構築に関係する国連事務次長補へのインタビューなどを一日五件ほど実施しつつ、それと並行して、国連事務総長の最高意思決定機関である最高評議会を統括していた国連事務次長補や、国連事務総長室の担当者四人に会って趣旨を説明し、応援者が増えるよう努力した。その甲斐もあって、最後に、国連事務総長のスケジュールを実際に管理している首席補佐官にお会いすることができた。彼に対して伝えたメッセージは主に以下の三つであった。

㈠上智大学は、グテーレス事務総長も尊敬している緒方貞子元国連高等難民弁務官（ＵＮＨＣＲのトップ）が、ＵＮＨＣＲに移籍する前まで教授として勤務していた国際的な大学である。

㈡上智大学は、毎年国連ウィークを実施したり、（後述する）「人間の安全保障と平和構築」連続セミナーなどを継続して実施しており、グローバルな課題の解決に向けて国連を支援するプロジェクトを一貫して続けている。

㈢上智大学は、国会や首相官邸、外務省からも極めて近く、日程がタイトな中でも、あまり時間をかけずに、大学での講演が可能である。（上智大学の英語のパンフレットに航空写真があり、国会や首相官邸と上智が近いことも実際に示したりした。）

こうした説明について首席補佐官は、「非常に説得力があると思います。では、国連事務総長本人に聞いてみます」と前向きに答えてくれた。

その後、グテーレス国連事務総長が、日本の大学での講演について非常に前向きになっているという話が伝わり、日本に帰国した後、曄道学長と共に、外務省の当時の国連企画調整課長にお会いし、大学で講演するのであれば、是非上智大学でお迎えしたい、そのためには大学として最善を尽くす旨、お伝えした。国連企画調整課長は、「上智大学が『人間の安全保障と平和構築の連続セミナー』など熱心に実施されていることは、ウェブサイトを見ればよく分かります。私どもとしても、元々上智大学が交渉されたことでもあるので、なるだけ上智大学で講演できるように努力したい」という趣旨の話であった。一週間後、再び、国連企画調整課長から面会の依頼があり、外務省に行くと「正式に上智大学にお願いしたいと思います。我々としても、東さんのような方にお願いできるのは安心ですから」という話であった。正式に招聘できることになり、少し肩の荷がおりる思いだった。

・講演会と学生との対話

二〇一七年一二月一四日にグテーレス国連事務総長をお迎えして講演会を開催することになり、私はその全体統括を務めることになったが、その後外務省側から、「国連事務総長が、講演だけでなく、日本の学生とも対話をしたいと希望している。三〇人くらいの学生との対話もコーディネートしてもらえないか」という連絡があった。そのうえで、「上智の学生だけでなく、なるだけ日本全体から学生を集めて欲しい」という要望が寄せられた。

そのため、国連広報センターの根本所長に相談したところ、国連広報センターで、五〇程度の大学とのネットワークを持っており、メールでの連絡が可能ということだった。そのため、その五〇ほどの大学に対し、対話に参加したい学生に応募してもらうよう依頼することにした。一大学二名以内とし、参加理由書も出してもらい、英語での対話が可能な学生を募ることになった。

講演会の一週間ほど前に参加を希望する学生からの申し込みが全国から集まったが、気後れする学生も多かったのか、合計で一一人ほどであった。慌てて、申し込みをしてくれた大学にもう一人ずつ、学生が参加できないか伺い、最終的に二〇人となった。それに上智の学生を七人加えて、対話については二七人の学生に参加してもらい、私が司会をすることになった。

もう一つの特別講演会は、八〇〇人収容の六号館の会議室を使用したが、当然多くの参加希望があり、学生も抽選せざるを得なかった。私としては多くの学生に参加してもらいたかったので残念であったが、大学として六号館の三階の部屋でも、モニターで生で見ることができるようにしてくれた。また金属探知機を入れて欲しいと警察から要望があったが、（初めて知ったが）警察では用意してくれないそうで、大学の負担で金属探知機を用意し、どうすれば八〇〇人を開始時間前までに通せるかなど、入念な打ち合わせを繰り返した。

当日、グテーレス国連事務総長は、国会での国家議員との対話や、首相や外務大臣との会談を終えた後、そのまま、上智大学に来てくれた。約束の時間より一分遅いだけであった。数分、待ち合わせ室で打ち合わせをして、六号館の大会議室のステージに座ってもらった。曄道学長の挨拶の後、私がグテーレス事務総長の紹介をして、その後、グテーレス氏は三〇分間「グローバル課題：人間の安全保障」をタイトルにした講演を、メモも見ないで、熱く語りかけた。その内容は動画でも収録し、現在でも、上智大学のウェブサイトで、当日の講演会の趣旨を書いた日本語の記事と共に、講演全体を動画で見ることができる（日本語字幕スーパーつき）。

その後、六号館の一七階に移動して、当時の理事長と曄道学長と三人で数分懇談し写真撮影などした後、二七人の学生が待つ部屋に入ってもらい、対話を行った。私が司会を務めたが、学生が積極的に手を挙げて質問し、どの学生も極めて流暢な英語できちっとした質問をすることに感銘を受けつつ、日本の若い学生の英語力や問題意識の高さを改めて感じた（私の学生のころとは大きく違う。これは東日本大震災の経験が大きいと、個人的に感じている）。グテーレス事務総長はどの学生の質問に対しても、アドリブで、とても真摯に答えてくれ、横で見ていても、何についても即応で答える能力に舌を巻く思いであった。

元々グテーレス氏は、ポルトガルで長く大学の教授を務めた後、政治家に転身。ポルトガル首相を務めた後、ＵＮＨＣＲのトップを一〇年務め、それから国連事務総長候補となった。二〇一六年の国連事務総長選抜プロセスでは、国連史上初めて、国連総会で、次期国連事務総長候補一三人に対して、一人二時間ずつ、質疑応答をして、そのうえで、どの候補がふさわしいか、国連加盟国全体で投票を行った。もちろん最終的には国連安全保障理事会の賛成も必要になるのだが、国連総会での質疑応答を見て、各国ともグテーレス氏の能力の高さに感銘を受け、圧倒的な賛同が集まった。国連加盟国が圧倒的にグテーレス氏を支持するようになった中で、国連安保理もそれに反対することは難しくなり、グテーレス氏が国連事務総長に就任した。その意味では、実力とテスト（国連総会での質疑）によって選ばれた最初の国連事務総長と言われている。その対話能力をいかんなく発揮してくれた場であった。この学生との対話についても、特別講演会と共に、動画を国連本部の広報部に送ったところ、UN Web TVという国連のウェブ・テレビで掲載してもらえることになった。そのため、講演と対話の双方について、今も動画を見ることができる。

特別講演が約四〇分、学生との対話が三〇分、それ以外の時間をあわせて、一時間半の滞在であったが、予定の時間より一分ほど早く、上智大学から送り出すことができた。その点、講演や対話の中身についても、時間管理についても、ホッとする結果であった。

・国連総会議長によるセミナーと「教育と研究の融合」

翌二〇一八年の六月、私は再び自らの科研費を使ってニューヨークに出張し、米国でも最大規模の平和研究所である、国際平和研究所（International Peace Institute, 以下、ＩＰＩ）で、「平和構築における包摂性」に関するセミナーで講演することになった。こちらは、ＩＰＩと一年間かけて共催について準備を行い、なんとか実現したものであった。

その際、国連本部で幹部へのインタビューも調査のために実施したが、グテーレス国連事務総長の首席補佐官にもお会いした。彼は、二〇一七年一二月に実施した上智大学での講演会について「国連事務総長も非常に感謝している」と話してくれていた。そのうえで、私がIPIで行う発表や、そのセミナーのリーフレット、また上智大学が制作したグテーレス国連事務総長の招聘を記念した上智マガジンの英語版なども、私の手紙と一緒に国連事務総長に手渡すことを約束してくれた。

二〇一八年六月一二日のIPIでのセミナーには、当時国連事務総長の最高意思決定機関である最高評議会の担当をしており、私も古くから親交があったファブリツィオ・ホスチャイルド国連事務次長補（当時）が、冒頭挨拶を務めてくれた。話を聞きつつ、多忙を極める中、いつも時間を作ってくれるホスチャイルド氏にとても感謝していた（このことが、二〇二〇年の国連七五周年記念シンポジウムに繋がったが、それは後述）。

IPIでのセミナーには、一七〇人を超える参加があり立ち見の人もいて、IPIの幹部の人たちも非常に喜んでくれていた。帰国後、自分の研究室の郵便ボックスに、国連事務総長室からの手紙が来ており、封を開けたところ、なんと国連事務総長からの手書きの手紙であった。

「あなたのされている平和への研究や活動に感謝しています」という内容で、とても励まされる思いがした。

このように国連本部の人たちと親交を深めるのは、現地調査を進めるうえでも非常に意義が大きい現実がある。上智大学で招聘したり、ホストしたりした人たちが、今度は自分の現地調査を応援するために、手紙を書いてくれたりする。「教育と研究」はまさに、密接不可分なのである。

その後、春学期が終わり、上智に移籍してから初めて二週間の夏休みを取ろうと心に決め、友人の住む福島行の新幹線に乗った直後、昨年、国連事務総長の招聘でお世話になった外務省の国連企画調整課長から電話があった。「急遽、マリア・エスピノサ国連総会議長が日本政府の招聘で来日することになり、日本の大学でのセミナーを要望されているので、昨年、国連事務総長の講演も主催してもらった東先生の方で是非ホストしてもらえないか」という問い合わせであった。

正直、今年は休みを取りたいという気もしたが、私の個人的な理由で断っていい話とも思えなかった。国連事務総長と国連総会議長が、二年連続で上智大学に講演に来てくれること自体、大学の評価にとっても意義が大きいのではと思い、重い体を引きずる思いで、引き受けることにした。

八月三一日の開催ということであったので、夏休みの真ん中であり、正直大人数のシンポジウムは望めないと考え、上智大学国際関係研究所を使い、四〇人程度の教員と学生による内容の濃いセミナーを開催することとした。二〇人ほどの教員は個別にお願いしたが、グローバル教育センターの仲間の教員である杉浦未希子教授や水谷裕佳教授が真っ先に協力を申し出てくれて、非常に励まされる思いがした。水谷先生は、以前から北米地域の先住民族を研究する文化人類学者として、アマゾンの先住民族にも詳しいエスピノサ氏に感銘を受けていたということで、やはり研究者にもインスピレーションを与えるすごい人だということを改めて感じた。

実際、エスピノサ国連総会議長は、エクアドルの外務大臣、国防大臣、エクアドル国連大使などを歴任し、二〇一八年六月に行われた国連総会での投票で、国連総会議長に選ばれていた。女性としては四人目の国連総会議長で、中南米出身の女性としては初めての快挙であった。またエスピノサ議長は、米国の大学で、環境地理学を専攻して博士号を取得し、多くの学問的な論文を発表し、さらに詩人としても五つの詩集を発表し、詩人として国民栄誉賞を受賞したという、多方面にわたって活躍している女性だった。

しかしとても気さくな方で、セミナー当日も、安倍首相（当時）や河野外務大臣（当時）との会談の後、上智大学に到着し、学生や教員に対してとても分かりやすく、世界の課題や、その中で女性が果たす役割について語ってくれた。学生や教員とのやり取りも非常に盛り上がり、終わった後、ご本人のツイッターでも、上智大学での学生や教員とのやり取りが素晴らしかったと、発信してくれていた。

私は翌年二〇一九年の二月から三月にかけて、外務大臣の委嘱による公務派遣で、イラクや南スーダンに訪問して、現地の副大統領など高官との会談や、バグダッド大学やジュバ大学で講演をさせて頂く機会に恵まれたが、その成果を発表する講演会をワシントンDCやニューヨークの国連本部で開催してくれたため、（自分の科研費を使い）ニューヨークに出張する機会があった。その際、前年にセミナーを主催していた、エスピノサ国連総会議長に今回は調査のためのインタビューを申し込んでいたが、総会議長という多忙を極めるスケジュールの中、なんとか時間を取ってくれて、三〇分のインタビューに応じてくれた。

これもやはり、「教育と研究」がいかに密接不可分であるかを示した事例だと思う。上智大学でグテーレス国連事務総長やエスピノサ国連総会議長をお迎えして特別講演会やセミナーを実施したことは、学生が直接その人たちと話す機会を得たということで、非常に大きな「教育効果」もあると思っている。他方で、自分自身が行う研究にも繋がる面が着実にある。逆に、私のように自分の科研費を使ってニューヨークに出張し、調査や講演をするかたわら、国連事務総長やその後の国連事務次長の招聘交渉をしたように、教員の個々の研究が、大学の教育に結びつくことも多々あるのである。「教育」と「研究」を別個のものと考える風潮がまだ強い中で、このことは、特に強く訴えたいと考えている。

ローマ教皇の上智訪問と連続セミナー

なお二〇一九年は、ローマ教皇の訪日が予定されており、イエズス会を設立母体とする上智大学として、これに真剣に取り組まなければいけない一年であることは間違いない情勢であった。これはイエズス会に属する教員の先生方が中心となって招聘活動をされており、私などが直接役に立てることはなかったが、「ただ上智に来て欲しいというだけでなく、上智大学として、ローマ教皇が世界に向けて、平和や環境のために行動し、発信されていることを深く学び理解する機会を作ったうえで、お迎えできるようにすべきではないか」と私なりに考え、佐久間勤教授（上智学院理事長）に提案したところ、佐久間理事長も快諾して下さった。その後、サリ・アガスティン教授（上智学院総務担当理事）とパートナーを組み、ローマ教皇について学ぶ連続セミナーを実施しつつ、その計画を絶えずバチカンにも送り、招聘活動と連動させていくことになった。

当初、「キリスト教と平和構築」に関するセミナーと、「キリスト教とＳＤＧｓ」に関するものを企画したが、その後、イエズス会総合雑誌『チビルタ・カットリカ』編集長でローマ教皇の側近でもあるアントニオ・スパダロ神父が、九月に来日して上智でも講演されることになり、それも含めて三回の連続セミナーを実施することになった。具体的には、

一回目　二〇一九年九月一九日　アントニオ・スパダロ神父による特別講演会
「教皇フランシスコによる慈しみの地政学」

二回目　二〇一九年一〇月五日　特別シンポジウム
「キリスト教と国連の平和構築～教皇フランシスコの南スーダンや他の平和構築への取り組み～」

三回目　二〇一九年一一月二二日　特別シンポジウム
「キリスト教と持続可能な開発目標（ＳＤＧｓ）」

というラインアップを組み実施した。会には、毎回二〇〇人を超える聴衆が集まり、熱気あるセミナーとなった。例えば、二回目の「キリスト教と国連の平和構築」の会では、ローマ教皇

が二〇一九年に、南スーダンのキール大統領とマチャール副大統領をバチカンに招き、数日間、集中して対話を仲介した後、最終日に二人の足にひざまずいてキスをして「もう戦争を繰り返さないで欲しい」と願いをこめられた映像をセミナーの場でも流し、その意義を専門家と参加者の間で熱く議論した。また三回目の会は、ローマ教皇が訴える内容が、いかにSDGsが定めている目標と重なっているのかについて、深く学ぶ機会となった。

こうした三回の連続セミナーを経て、二〇一九年一一月二六日に、上智大学におけるローマ教皇（教皇フランシスコ）の講演「教皇フランシスコからのメッセージ『叡智の座の大学』で学ぶ者へ」が実施された（こちらは、私ではなく、佐久間理事長やアイダル教授やアガスティン教授など含め、大学全体で担当された）。

この連続セミナーについては、ローマ教皇の訪日の後、日本語と共に、英語の記事も作り、そのページを、スパダロ神父を通じ、ローマ教皇にも共有して頂いた。正直、連続セミナーを実施しなくても、ローマ教皇の教え子であるアイダル教授をはじめ、上智大学の先生方のご尽力で、招聘自体は実現できたと思う。ただ上智大学として、ローマ教皇に来て頂けることだけをPRするのではなく、ローマ教皇が平和や環境問題に対して行動し訴えておられることを誠実に学ぶ機会を作り、それを踏まえて、実際のご講演を聞く形を作り、それをまた事後的にローマ教皇自身と共有できたことは、意義があったのではと考えている。

・国連七五周年記念イベント

翌年二〇二〇年一月、私は、上智大学に来てから科研費（基盤B「平和構築と政治的排除」二〇一六～二〇一九年、基盤B「平和構築と政党」二〇一九年～現在）を使って続けてきた、南スーダンやアフガニスタン、イラクやシリア、イエメン、東ティモールなどでの和平調停や平和構築に関する現地調査をまとめた『内戦と和平～現代戦争をどう終わらせるか』（中公新書）を出版することができた。もちろんこの拙著は、私が普段上智大学で担当している「平和構築とメディア」、「平和構築入門」、「平和構築と人間の安全保障の連続セミナー」などの教科書にも利用している。その意味でも、「研究と教育」は表裏一体のものだと思う。

二〇二〇年二月に、アラブ首長国連邦（UAE）、ヨルダン、サウジアラビアを回って、UAEのシャルージャ大学で講演をしたり、シリアやイエメンの和平プロセスについて調査を行った。その後、三月三日からニューヨークに出張し、国連本部主催のセミナーで講演をしたり、国連事務次長補や事務次長にお会いして、調査を続けていたが、その中に、この年国連七五周年担当の国連事務次長に就任していたホスチャイルド氏がいた。私は以前から彼と親しくしていたが、その本人から「今回、国連七五周年記念シンポジウムの担当になったのでぜひ、一緒に協力して欲しい」という話があり、担当官にも紹介を頂いた。自分もこれまでお世話になってきた恩もあり、また上智大学として、国連七五周年記念に関するイベントもしたいと考えていたので喜んで応じることを伝えた。

そのニューヨーク滞在中に、新型コロナ感染症が一気に広がり、三月一四日からは国連本部も閉鎖され、一七日からはレストランも全て閉鎖される事態になった。三月三日にニューヨークに入った際にはまったくいつも通りだった町が一気に変わっていく様子を見て、感染症の恐ろしさを実感した。一八日になんとか飛行機にのって日本に辿り着いたが、大学もしばらく休講となり、五月以降、オンラインで授業が再開するという前代未聞の状況になった。

しかしその中でも、国連七五周年に関するプロジェクトはオンラインベースで動いており、私のところにもホスチャイルド氏のチームから、「国連七五周年チームが作った一分間アンケートがあるので、是非、多くの学生に応じて欲しい」という依頼が来た。そのため、私自身、三〇人を超える教員に一人一人メールを送って協力を依頼し、授業の中で、学生にアンケートに答えてもらうようお願いした。この時も、グローバル教育センターの教員の人たちが率先してアンケート調査に協力してくれたことに、とても感謝している。

ただ、ホスチャイルド事務次長も、国連七五周年プロジェクトのトップで、世界中の国を相手にしなければならず、なかなか上智での講演の調整が進まなかった。そんな中、七月に入って、国連事務局の担当者から、「上智大学のアンケートが八〇〇以上集まっていて、とても感謝している。是非、上智大学にホストしてもらう形で一〇月に講演会を実施したい」という連絡があった。

実は、多くの回答を集めるために、上智大学国際協力人材育成センターのホームページに、この国連一分間アンケートに協力してもらうための記事を、英語と日本語の双方で出してもらい、そこに国連アンケートに答えるためのリンクを紹介してもらっていた。かつ、人材育成センターでツイッターを出して頂き、それを上智大学広報でリツイートする形で、なるだけ多くの学生に協力を求めた。またそれぞれの学部長で親しくしている人にもお願いして、他の教員に対し、授業で学生に国連一分間アンケートに答えるようにお願いしてもらうよう依頼を続けた。例えば国際教養学部では、学部長が教員全員にこのアンケート実施についてのお願いまで出してくれ、そのため、非常に多くの学生がこのアンケートに答えてくれて、とても感謝している。それ以外にも経済学部や総合グローバル学部、外国語学部など、多くの学部が全面的に協力してくれた。

その結果、最終的には上智の学生を中心に一七二七もの回答が寄せられた。それもあって上智でのホスチャイルド国連事務次長によるオンラインの講演を主体にした特別シンポジウムが、二〇二〇年一〇月一二日に正式にセットされた。

オンラインで実施するため、世界中の学生に参加してもらいたいと考え、上智大学がMOU（協定覚書）を結んでいる約三五〇の大学に対しても、シンポジウムへの参加を呼び掛けることにした。具体的には、シンポジウムの告知を、英語版と日本語版の双方で、上智大学国際関係研究所から出してもらい、その英語版のリンクを紹介するメールを私の方で作り、それをグローバル教育センターに依頼して、三五〇のMOUを結ぶ大学に流してもらった。その結果、世界中から七五〇を超える人が、特別シンポジウム「国連七五周年企画【グローバル課題の解決に向けたグローバルな行動〜感染症、地球温暖化、軍事紛争〜ホスチャイルド国連七五周年記念担当国連事務次長をお迎えして】」に登録してくれた。

またせっかくなので、世界中の学生に、ホスチャイルド氏に直接質問して欲しいと考え、グローバル教育センターの教授で、バンコクに教育・研修支援事業を展開する上智学院の現地法人組織Sophia Global Education and Discovery Co., Ltd. のセンター長を務める廣里恭史教授に依頼して、普段からお付き合いされているフィリピンやマレーシアの大学の教員や職員をご紹介頂いた。その方々に、右のシンポジウムの意義を説明し、誰か一人学生を選出してもらうことをお願いした。また私のネットワークでアフガニスタンからの留学生、NGOで勤務している人、また上智大学の学生に質問をお願いした。

質問の中身については全て学生に決めて欲しいと思っていることから、事前に、学生一人一人とズームで打ち合わせを行い、どんな質問をしたいか聞いたうえで、一人一分くらいで簡潔に質問してもらうためのアドバイスだけを行った。こうして事前に、一人一人と個別に打ち合わせをすることで、学生も安心して本番に臨めたように思う。

シンポジウム当日も、世界中から四〇〇人を超える参加があり、議論も、世界中から五人の学生が質問した内容に、ホスチャイルド氏が極めて丁寧に答えてくれて、とても盛り上がった（その内容については、上智大学ホームページに記載）。またその動画を、ニューヨークの国連本部に送ったところ、国連本部の YouTube にその動画が掲載された。また幸運なことに、たまたまNHKのニューヨーク総局の記者が、国連七五周年に関する企画を練っており、このシンポジウムについて関心を持ってくれ、連絡してきてくれた。動画も送ったり、本学を代表して質問をした、国際教養学部の木村奈穂さんも紹介し、NHKでも木村さんへのインタビューをしてくれた。その結果、二〇二〇年一〇月一八日（日）NHK総合テレビ「これで分かった！

世界の今」という番組の国連七五周年についての特集枠で、本シンポジウムが紹介され、ホスチャイルド氏や本学の木村奈穂さんの発言が紹介された。上智大学が国連事務次長をお迎えして、世界中の学生との対話をファシリテートしているという趣旨で取り上げてもらったことは、企画者として幸運であった。冒頭挨拶を述べた佐久間勤理事長や、コメンテーターを務めたオーガスティン教授も、こういったオンラインでのイベントの可能性を感じてくれ、非常に喜んでくれた。

・国連副事務総長の特別講演会

オンラインを利用しての、グローバルなイベント（つまり世界中の学生や教員、市民と繋がる形でのセミナーやシンポジウム）を一応実現できたことを受けて、二〇二一年の秋の国連ウィークの一つのイベントとして、国連副事務総長（国連事務総長に次ぐ、国連システムの№2）のオンラインによる講演を企画したいと考えた。佐久間理事長、曄道学長、サリ教授に相談したところ、ご快諾を頂き、まず、佐久間理事長と曄道学長の連名で、アミーナ・モハメッド国連副事務総長宛ての正式なレターを書いた。その中で、二〇一七年以降、国連事務総長や、国連総会議長、国連事務次長などの招聘講演をずっと実施してきたことなども書き込み、今回は是非、国連副事務総長と世界の学生を繋げてのシンポジウムを上智大学としてホストしたいという内容を盛り込んだ（一つの経験として感じるのは、やはりこのような肩書の高い人への交渉をするときは、大学の学長や理事長名で手紙を送るのが重要だということである）。

当初、国連の広報部長に送ったのだが、コロナ対応などでとても忙しい中、なかなか返事がなかった。それで、二〇一七年の国連事務総長の招聘以来、ニューヨークに行くたびにお会いして、事務総長への手紙を渡してもらっている首席補佐官の方に、「できれば国連副事務総長の補佐官にこの手紙を転送して欲しい」とメールで依頼したところ、「喜んで転送する」という返事が来た。二週間後、国連副事務総長の補佐官から、「モハメッド副事務総長本人が、上智が主催するオンライン特別講演会をぜひお引き受けしたいと話している」、という連絡があった。調整を経て、二〇二一年一〇月二〇日に実施することが決まった。

この特別講演会については、同時通訳を付けた方がよいと考え、その準備を進めつつ、特別講演会の告知を英語と日本語の双方で国際関係研究所のホームページに掲載して、PRを始めた。あわせて、世界中の三五〇のMOUを結んでいる大学にも、何度か、グローバル教育センターのネットワークで英語の告知情報を一斉メールで送って頂いた。二〇二〇年に続いて、今回が二度目ということもあり、世界各地のかなり多くの大学から、「上智大学の、こうした活動と機会の提供にとても感謝している」という連絡を頂くようになり、その点は、ＭＯＵに実質的な意味合いを持たせるうえでも、意義があればと思った。

上智大学の広報でも、記者クラブ宛てに、八月五日付で、プレスリリースを出して下さったり、広くインターネット記事でも、この特別講演会について掲載されるように、尽力して下さった。またこれは、毎年の国連ウィークでそうされているのだが、全国一〇〇〇くらいの高校にも、国連ウィークのイベントのチラシは配布しており、日本語同時通訳がついていることもあり、多くの高校生も登録してくれた。

結果的に、世界中から一三〇〇を超える登録があり、関心の大きさを実感した。また国連副事務総長サイドから「持続的開発目標（ＳＤＧｓ）の達成と、混乱する世界における若者の希望を実現するために」を最終的なタイトルにしたいという連絡があった。前年に続き、全世界の学生に質問をして欲しいと考え、マレーシア、スペイン、コロンビア、アフリカ、そして上智大学の学生に一人ずつ、質問をしてもらうことにした。マレーシアについては、二〇二〇年度のシンポジウムで学生を推薦してくれた大学に一人推薦をお願いし、スペインについては、一斉メールを送るたびに熱心に返事をしてくれる熱意ある職員の方にご依頼して、推薦をお願いした。コロンビアについては、外国語学部でコロンビアを専門とされている幡谷則子教授に特にお願いして、コロンビアの大学にご紹介頂き、その方に一人推薦頂いた。アフリカについては、ネット環境の懸念もあり、リベリアからの留学生で、上智大学の博士課程で学んでいる人をご紹介頂いた。上智の学生もあわせて、五人の学生とは事前に一人一人別個に打ち合わせをして、本人の質問したい内容を伺い、一分くらいにまとめるアドバイスをしたうえで、合意した内容を、（事前に質問を教えて欲しいという要望のあった）国連副事務総長の側にお伝えした。

準備は順調に進んでいたように思ったが、二日目になって突然、国連副事務総長の補佐官から、「本人の家庭の事情で、二〇日のニューヨーク時間午前八時から講演できないかもしれない」という連絡があった。あわてて補佐官とズームで面会したが、家族の都合でどうしても午前八時は難しいという。補佐官の側から、「ビデオメッセージはどうか？」という提案があったが、「世界中の学生と生で対話してもらうことが趣旨なので、それは難しい」と私の方は返事して、なんとか時間調整ができないかお願いした。補佐官も、世界中から多くの登録者がいることもあり、もう一度、官房長と交渉してみるといってくれ、最終的に、ニューヨークの午前九時、日本時間の午後一〇時からの開催となった。

幸い、ズームでのオンラインイベントの場合、リマインドでメールを、前日から三回程送る自動システムになっているため、そこで、「開始時間が日本時間の午後一〇時になった」旨を何度も送り、なんとか全員に通知するよう努力した。

当日、午前九時にニューヨークの国連本部のスタジオに来るのか、まったく分からない状況であったが、なんとか一分前にスタジオに入ったことが分かり、安堵した。当日は八〇〇人を超える参加があり、国連副事務総長の講演も素晴らしく、またその後の五人の学生とのやり取りもとても誠実で活発であり、一時間の講演会をなんとか無事に終えることができた。その後、その内容を英語と日本語で要約を作って、国連副事務総長サイドに送って了解を得た後、上智大学のホームページに掲載した。また動画を、まずは上智大学の YouTube に英語版（つまり講演会の元の言語）を掲載して、ホームページで告知しつつ、国連本部にも共有した。最終的に、UN Web TV という、国連事務総長や国連副事務総長の活動を掲載する国連のウェブ・テレビでも、こちらのイベントが掲載され、世界中に伝わるように先方でもしてくれた。また例の、三五〇のＭＯＵを結んだ大学にも、動画のリンクを送り、当日参加できなかった学生や教員たちが見られるようにした。

今回、これまでしてこなかった事後の取り組みとして試みたのは、英語の講演会と学生との質疑応答の「日本語字幕入り動画」の制作であった。大学広報と相談したうえで、私の知り合いでそのような仕事を引き受けてくれる制作会社に委託し、日本語字幕スーパー案を作ってもらった。それを私の方で一枚ずつ確認して、必要な修正をお願いし、最終案を作ってもらった。その後、制作会社でスーパーを実際に入れる作業をして頂き、最後、私の方で字幕入り動画を確認したうえで、必要な修正をお願いし、二〇二二年二月末に、上智大学のウェブサイトで掲載された（委託した制作会社には当然、上智大学の広報が費用をお支払いした。なお、私のこうした作業は、全てボランティアである。念のため）。

ＳＤＧｓにどう取り組むかは、地球的な規模の課題であり、このように日本語字幕入り動画を作れば、高校生や、大学生にも見てもらうことができ、大学としての財産になると思って取り組んだ。今後、この動画が教材として活かされることを、私としては期待している。

「人間の安全保障と平和構築」連続セミナー

二〇一六年四月に上智大学に移籍して以来、既述した年に一回や二回の大きなイベントに加え継続的に取り組んでいるのが、「人間の安全保障と平和構築」連続セミナーである。こちらは、できれば授業と兼ね合わせる形で、公開のセミナーをしたいということを上智大学に移籍する前に、当時の廣里グローバル教育センター長にご相談したところ、非常に前向きに応援して下さり、実現に至った。具体的には、「自主研究　グローバル課題」という科目を新たに立ち上げて下さり、それを授業として履修した学生は、春学期に実施する五回の公開の連続セミナーに全て参加し、フィードバックペーパーを書きつつ、セミナーの内容も参考にしながら、それぞれの学生が自主研究のテーマを決め、一〇枚程度のペーパーを書いて、それを採点して成績を決めるというシステムにした。また履修した（一〇〇人ほどの）学生については、学期の途中で一人一人と直接話す機会を作り、ペーパーの指導もすることにした。上智として、こうした公開のセミナーと自主研究を組み合わせるのは初めての試みであったが、思い切って認めてくれた、当時の廣里センター長や、当時の飯塚由美子主幹、また藤村正之学務担当副学長に、今もとても感謝している。

セミナーを実施した後には、かなり詳細な事後の報告書を作り、全て、上智大学のウェブサイトに掲載するようにした。講師には、国連やＮＧＯ、メディアや、ＪＩＣＡ、政党の代表的な立場にいる人などから講演を頂いて、このテーマについてじっくり学べるようにした。

この連続セミナーについては、毎年別の方に個別に会って講演を依頼して、実施している。二〇一六年以降のラインアップは以下のようになる。

〈二〇一六年度〉

㈠四月二六日（火）午後六時四五分～午後八時四五分（二号館一七階国際会議場）
道傳愛子（ＮＨＫ国際放送局チーフプロデューサー・ＮＨＫ解説委員）
「現場で取材する、人間の安全保障と平和構築の課題」

㈡五月二四日（火）
加藤宏（国際協力機構（ＪＩＣＡ）理事（平和構築・アフリカ等担当））
「援助機関として平和構築にどう取り組むのか」

㈢六月一四日（火）
長谷部貴俊（日本国際ボランティアセンター（ＪＶＣ）事務局長）
「ＮＧＯとして取り組む平和構築～イラクやアフガンの現場から～」

㈣六月二八日（火）
近藤哲生（国連開発計画（ＵＮＤＰ）駐日代表）
「国連が挑む平和構築の困難と課題～現場の体験から～」

㈤七月一九日（火）
西田恒夫（広島大学平和科学研究センター長、元国連日本政府代表部常駐代表・特命全権大使）
「混沌とした現下の国際社会にあって、『平和・安全』とはなにか？」

〈二〇一七年度〉

㈠四月二二日（土）午後一時～午後六時

「人間の安全保障と平和構築」（日本評論社二〇一七年三月刊行）出版記念シンポジウム

右の本の執筆陣（東大作、峯陽一、長谷川祐弘、鈴木恵美、植木安弘、畝伊智朗、杉村美紀、福島安紀子、長有紀枝、大島賢三、滝澤三郎、旭英昭）

㈡五月九日（火）午後六時四五分～八時四五分

右田千代（NHK報道局社会番組ディレクター）

「『オバマと会った被爆者たち』を取材して～ヒロシマが世界平和にもたらすもの～」

㈢五月三〇日（火）

花谷厚（JICA社会基盤・平和構築部（元平和構築・復興支援室長））

「開発援助と平和構築」

㈣六月二七日（火）

塩崎恭久（厚生労働大臣、元外務副大臣、衆議院議員）

「人間の安全保障と保健外交」

㈤七月一一日（火）

玄葉光一郎（元外務大臣、衆議院議員　上智大学卒）
「日本の外交と国連の役割」

〈二〇一八年度〉

㈠四月二四日（火）午後六時四五分～午後八時四五分（二号館一七階国際会議場）
河原直美（ＵＮＨＣＲ駐日事務所副代表）
「難民支援と平和構築」

㈡六月五日（火）
坂根宏治（ＪＩＣＡ平和構築・復興支援室長）
「ＪＩＣＡの平和構築支援」

㈢六月一九日（火）
谷山博史（日本国際ボランティアセンター（ＪＶＣ）代表理事）
「ＮＧＯは平和構築にどう取り組んでいるのか～課題と挑戦～」

㈣六月二六日（火）
城内実（元外務副大臣、自民党経済産業部会長）
「外交と政治～学生の皆さんに伝えたい事～」

㈤七月一七日（火）

福山哲郎（元内閣官房副長官・外務副大臣、立憲民主党幹事長）

「日本外交と国連の役割」

〈二〇一九年度〉

㈠四月二三日（火）一九時〇五分～二一時〇五分（二号館一七階国際会議場）

上川陽子（前法務大臣、ＳＤＧｓ外交議員連盟会長、衆議院議員）

「人間の安全保障、ＳＤＧｓ、そして司法外交」

㈡五月一四日（火）

山内康一（立憲民主党政調会長代理、衆議院議員）

「ＮＧＯ職員から国会議員へ～国際協力への思い～」

㈢六月一一日（火）

天田聖（国際協力機構（ＪＩＣＡ）広報室長）

「ＪＩＣＡの平和構築支援と広報戦略～国際機関との連携も視野に～」

㈣六月二五日（火）

石川武（防衛省防衛政策局次長）

「自衛隊と平和構築活動～ＰＫＯ活動から能力構築支援まで～」
㈤七月九日（火）
忍足謙朗（元国連ＷＦＰアジア地域局長）
「食糧を届ける～貧困、災害、紛争の中で～」

〈二〇二一年度〉（二〇二〇年度はコロナで一年延期）
㈠四月二七日（火）午後一九時〇五分～午後二一時〇五分（オンライン）
高橋克彦（外務省中東アフリカ局長）
「中東の平和構築と人間の安全保障」
㈡五月一八日（火）※アフリカウィークを兼ねる
今井高樹（日本国際ボランティアセンター（ＪＶＣ）代表理事）
加藤真希（平和村ユナイテッド理事　ガーナ勤務、アフガン担当）
相島未有沙（ピースウィンズ・ジャパン（ＰＷＪ）南スーダン難民支援担当）
「コロナ禍で、ＮＧＯが挑む平和構築～アフリカ、南スーダン、難民支援、アフガン～」
㈢六月八日（火）※国連ウィークを兼ねる
加藤隆一（ＪＩＣＡ上級審議役（元ＪＩＣＡアフリカ部長））

「ＪＩＣＡの平和構築支援～国際機構との連携とその課題～」
㈣六月二二日（火）一九時〇五分～二一時〇五分【中止。講師の急逝のため】
㈤七月六日（火）
大石芳野（ドキュメンタリー写真家、紫綬褒章、土門拳賞、他受賞多数）
「戦禍の記憶～世界各地を撮り続けて～」

この連続セミナーは全て、グローバル教育センター主催である。二〇一七年度には、学生評価の高い授業に与えられる「グッド・プラクティス賞」もこの授業で受賞した。二〇一九年度まで対面でセミナーを実施していたときも、履修学生と、それ以外一般の参加者で、一五〇人から二〇〇人の参加が毎回あり、二〇二一年度にオンラインに移行してからは、地方の高校生や大学生、社会人も参加してくれるようになり、多い時には三五〇人を超える参加が得られるようになった。基本的に一人で実施しなければいけない実情もあり、大変ではあるが、学生からの評価や評判が高いプロジェクトでもあり、歯を食いしばって続けている。

「持続可能な開発目標（ＳＤＧｓ）を学ぶ」の連続講義

前述した、二〇一七年に外部のアドバイザリーグループから頂いた助言の一つが、「国連事務総長の招聘」であり、もう一つが「ＳＤＧｓに関する授業を上智に作って欲しい」というものだった。それを実現するため、二〇一七年一〇月の国連ウィークで「ＳＤＧｓの実現と課題」について、当時の上川陽子法務大臣（ＳＤＧｓ議連会長）に冒頭挨拶をお願いしてご快諾頂き、またＵＮＤＰ日本事務所の近藤哲生駐日代表などにご登壇頂き、一四回の授業を構成する基礎を作った。その後、二〇一八年度から、この「ＳＤＧｓを学ぶ」という授業を秋学期に実施することになった。一四回の講義のうち、最初の一回目は、ＳＤＧｓについても研究されているプテンカラム教授（上智学院グローバル担当理事）にＳＤＧｓの歴史的背景や、ＭＤＧｓとの違い、大きな目標など総論についてまず話して頂き、その後、主に実務家の方（国連関係者、ＮＧＯ関係者、企業の方、ジャーナリスト、政府関係者など）に、それぞれの現場で、どのようにＳＤＧｓに取り組んでいるかについて語って頂くようにした。また後半に、主にグローバル教育センターの私や杉浦教授、水谷教授、また法学部の楠茂樹教授などに、ＳＤＧｓとそれぞれの専門分野（「ＳＤＧｓと先住民族」、「ＳＤＧｓと水」、「ＳＤＧｓと公共事業」、「ＳＤＧｓと平和構築」など）について、ＳＤＧｓについての批判的な見地も含めて、お話頂くことで、全体としてＳＤＧｓを包括的に学ぶことができるようにした。

一年目の二〇一八年には、抽選倍率が七倍を超えるほど人気があり、また実施後の授業評価でも、私がその前の年に、グッド・プラクティス賞を頂いた授業の評価よりはるかに高い評価を得、関心の高さが分かった。そのため、その後オンラインに移行しつつ続けている。二〇二〇年度からは、上智大学出身の京セラの谷本秀夫社長や、ＪＩＣＡの山田順一副理事長などにも、直接お会いして講義をお願いし、特別講義を実施して頂いている。しかしこの授業については、講義を一度出して頂くだけでなく、その後の採点についても、まさにボランティアで協力して下さっている、杉浦教授、水谷教授、楠教授など多くの上智大学の教員の協力があってはじめて、実施ができている科目であり、まさにグローバル教育センター全体の協力があって継続できている科目・プロジェクトである。

東ティモール・スタディツアーや、サークル「平和構築・国際協力研究会」

また二〇一七年二月には、上智大学の教育イノベーションに廣里センター長たちと提案していたものが採択され、東ティモールへのスタディツアーを実施した。公募したところ、実費が二〇万円かかる中でも、私の授業を取っていた学生を中心に一三人が応募してくれ、一週間、平和構築のプロセスの中にある東ティモールに滞在し、連日、在東ティモール日本大使館に行って日本の東ティモール大使にお話を聞いたり、ＪＩＣＡの事務所長や、国連の幹部や職員の話を聞いたり、現地のNGOの活動を視察したり、上智の連携校である高校を訪問したりして、忙しく時間を過ごした。最後は、以前私が調査した時に知り合った東ティモールの建国の父、シャナナ・グスマオ（元首相兼元大統領）と、マリ・アルカテイリ（元首相）にも、直接本人や秘書に会って交渉して、それぞれ二時間ずつほど学生と共に懇談することができた。そのことも含めて、学生が非常に多くを学び、成長していることが傍目で見ていても分かり、ツアーコンダクター兼、カメラマン兼、調査のコーディネーター兼、大学の教員として非常に大変なツアーではあったが、実施した甲斐はあった気がした。このスタディツアーの様子を私が撮影した動画を使って、NHKの国際報道が、英語の番組で一〇分ほどの企画を放送してくれ、それも学生にとってはよい思い出になった。

その後、ツアーに参加した学生が、継続的に集まって、平和構築について「自主ゼミ」のような形で勉強を続けたいという話があり、私も、さらにボランティアの仕事が増えることに体力的にもつのかという恐怖感はあったが、グローバル教育センターの所属でゼミをしていないこともあり、始めることにした。

主にひと月に一度集まって、課題図書（主に私のいくつかの著書）を読んで、議論する活動から始めたが、できれば、一年に一度、海外視察や、国内でのスタディツアーもしたいという要望があり、そのためには、正式なサークルになった方がよいと考えた。学生が自主的に申請をしてくれて、二〇一九年に正式に上智大学のサークル「平和構築・国際協力研究会」という名称で登録され、私はその顧問となった。二〇一九年の夏休みに、三泊四日で、韓国へのスタディツアーを企画し、上智の協定校であるソガン大学で、学生同士、日韓問題や、日本と韓国が協力できるグローバル課題について一日かけて議論した。翌日、韓国と北朝鮮の国境線にツアーで訪れ、北朝鮮との安全保障の課題を身近に感じてもらう機会を作った。印象的だったのは、二日間一緒に過ごすと、日本と韓国の学生が本当に親しくなり、LINEを交換しあって、心から友人になっていたことである。政府と政府の間では問題が蓄積しているものの、日本と韓国は隣国であり、また民主主義という価値観や制度も共有している。若い人が忌憚のない議論から、親しい関係を築いて欲しいと強く思った。

二〇二〇年二月に、震災後、継続的に私が関わってきた福島県いわき市に、復興の現状を見るツアーを企画し、スケジュールも全て決めていたが、新型コロナ感染症のまん延で延期となった。それ以降、月に一度の勉強会をずっとオンラインで続けている。学生にとっては非常に辛い時期に入ったが、この研究会に参加することで、友人関係の維持や、悩みを共有してもらう機会にしてもらえればという気持ちで、活動を継続している。

学生の多くは卒業した後、米国のジョージタウン大学などの大学院に留学したり、日本の国立大学の大学院に進んだりして、グローバル課題の解決に寄与したいと努力を続けている人が多いのも嬉しいことである。もちろん企業に入って、グローバルな課題に真剣に向き合ってい る人も多い。私としては、特にどの組織に入って欲しいという希望はなく、どんな職場に就いても、大学で学んだことを糧にして、世界や社会のために少しでも役に立てるよう努力するような人になってくれたらなという気持ちで、このサークルの顧問を続けている。

最後に　個別のイベントと調査・研究

最後に、個別に実施しているセミナーと自らの調査・研究について、再度論じて、この章のまとめとしたい。

私は、長くアフガニスタンの和平プロセスに関わってきた。二〇〇九年から一〇年にかけては国連アフガン支援ミッションの和解再統合チームリーダーとして、旧アフガン政府とタリバンの和解に向けた体制作りにカブールで携わった。二〇二〇年二月に米国とタリバンがまず米軍の撤収について合意し、その年の九月から、旧アフガン政府とタリバンの間で、統治体制をどうするかについての和平交渉が始まった。二〇二一年は正念場だと考えた私は、オンライン

（Ｚｏｏｍ）でのイベントに、私たち日本人も、アフガンの要人も慣れたことを活かし、アフガン和平プロセスに関する連続セミナーを企画した。一度、ドイツが主催したエキスパート会議でご一緒した、元アフガン和平評議会副議長のナディア・ナイームさんに、ＤＨＬで私の英語の本や資料もカブールに送り、親しくなった後、何度かズームで相談を重ねたうえで、二〇二一年一月一四日に、アフガン和平プロセスに関する一回目のセミナーを実施した。ナイームさんに基調講演をお願いし、同じく親友で二〇一九年に私の科研費で日本に招聘してセミナーで講演してもらっていた、ピーター・デュー国連本部アジア大洋州部長、外務省の中東二課長にも登壇頂き、世界中に告知したところ、英語のセミナーであるにもかかわらず、三〇〇人近い参加があり、議論もとても白熱した。そのため、二回目のセミナーを五月一二日に実施し、旧アフガン政権のタリバンとの交渉チームの一員で女性のメンバーだったハビバ・サラビ氏に、講演をして頂いた。ナイーム氏がトップを務めるカブール平和研究所と共催しながら、国連アフガン支援ミッションの部長や、外務省の中東アフリカ局審議官などにも参加頂き、その事前打ち合わせでの情報交換などを通じて、アフガン和平プロセスの最新情報もあわせて知ることができた。

二回の成功を経て、ナイーム氏からは是非三回目を実施したいという要望があり、彼が親しかったアブダル・アブダル氏（旧アフガン政権の№2で、和平交渉チームのトップ）に出演依頼をして、快諾を頂いた。その日程調整をしている最中、八月一五日にタリバンがカブールなど全土を制圧し、旧アフガン政権は崩壊した。私はその日、心配になってナイーム氏とズームでの面会をお願いして話をすることができたが、本人から「今、ガニ大統領がヘリコプターで外国に逃げました」と聞き、政権が崩壊したことを、ナイーム氏から直接聞いたのだった。

当時、二〇〇一年の九・一一同時多発攻撃から二〇年のアフガンというテーマで、雑誌『世界』の寄稿や、ＮＨＫクローズアップ現代の出演などの依頼を既に頂いていたが、突如、政権が崩壊したことがトップニュースで連日報じられるようになり、私も、ＮＨＫのニュースや日曜討論、クローズアップ現代、朝日新聞、読売新聞、共同通信などの取材に追われることになった。その際、この連続セミナーを通じて、最新の情勢をフォローしていたことが、非常に大きかった。またその延長線上で、二〇二一年一二月八日に、超党派の国際人口問題議員懇談会（人口議連）で、「アフガニスタン人道危機と日本が果たせる役割」について講演する機会があり、アフガン人口の半分以上の二三〇〇万人が飢餓の危機にある中、日本が果たすべき役割についての「五提案」を伝えた。それを受けて、一二月二三日には、人口議連の上川陽子会長（元法務大臣）や黄川田仁志事務総長（内閣府副大臣）などが、林外務大臣や木原官房副長官にその五提案を正式に申し入れしてくれ、少なくとも日本政府として検討する状況に持ち込んでくれた。

その意味で、大学で企画するセミナーやシンポジウムは、多くの学生が参加するという意味で「教育効果がある」と同時に、「自らの研究や政策提言にも繋がる」ということを、改めて実感した。「教育」と「研究」を全くの別物とする考え方がまだあるのが残念であるが、実は、様々なプロジェクトを通じて「教育と研究が相乗効果を出せること」が、大学で研究を続けることの、最大のメリットの一つなのではと、私は自らの経験から思っている。

これは一つの例で、二〇一八年秋には、外務省の招聘で来日したＩＧＡＤ（東アフリカの地域機構）で南スーダン特使を務めているイスマイル・ウェーズ氏のセミナーの依頼が外務省からあり、私の方でホストしたが、ウェーズ氏がとても喜んでくれ、翌年、外務大臣の委嘱による公務派遣で南スーダンに行った時も、大変忙しい中一時間、時間をとってインタビューに応じてくれた。

南スーダンの件は、日本ではほとんど報じられなくなったが、二〇一八年九月の和平合意後、停戦は継続しているものの、干ばつなどの被害で、人道的な危機は続いている。こうした忘れられてしまった平和構築の現場について、継続的に調査を続け、日本の中で知ってもらう努力をすることは、メディアではできない、大学の教員のささやかな貢献だと考えている。そんな問題意識から、二〇二二年四月二〇日には、南スーダンの平和構築に関する、オンラインによるグローバルセミナーを企画し、南スーダンの副大統領や、国連南スーダンＰＫＯミッションの副代表などに登壇頂いて、実施した。それは、多くの日本の学生にとって貴重な経験になると同時に、私がこのような平和構築の現場の最新の情勢をフォローし、そこにおける日本の役割を伝えるという意味で研究や調査、政策提言に繋がる面がある。実際日本は、南スーダンの首都ジュバの橋の架橋や、水道システムの構築、ＩＧＡＤによる和平仲介の支援など、実に多くの支援をしており、南スーダンの中では特別な地位を占めている。しかし、そうしたことはあまりメディアでは報じられない。こうした「日本の隠れた、でも地道な貢献」を、将来を担っていく学生に広く共有しながら、日本の政策決定者やＪＩＣＡやＮＧＯなど支援団体、マスコミ、そして広く一般市民の人たちに共有する機会を提供することは、グローバル教育センターに属する自分ができる数少ない社会貢献でもあると考えている。

ここまで二〇一六年に上智大学に移籍してからの活動を記してきたが、ロシアのウクライナ侵攻や、新型コロナウイルス感染症の世界的拡大、地球温暖化の深刻化など、一国では解決できない課題がより深刻になる中で、そういったグローバル課題の解決に関与するきっかけや素養を学生に提供することは、それなりに意義があり、そこに、このグローバル教育センターの存在意義もあると考えている。これからもそんな気持ちを忘れずに、地道なプロジェクトを一つ一つ実施していきたいと考えている。

■主な参考文献（ホームページ情報は二〇二二年一二月現在。なお、本稿執筆時において、上智大学のホームページはリニューアル中のため、該当する新しいURLを記すことができなかった。しかし、インターネット上の検索エンジンを利用すると、記事にアクセスすることができる。）

上智大学ホームページ「アントニオ・グテーレス国連事務総長が来校しました―特別講演「グローバル課題『人間の安全保障』の役割」と学生との対話―」二〇一七年一二月一四日。（なお、本章で紹介する、これまで実施した主なイベントについては、上智大学のホームページで全て閲覧可能になっている。）

“António Guterres (UN Secretary-General) lecture on Global Challenges: The Role of Human Security,” UN Web TV, 14 December 2017.（右の記事に動画のリンクの案内あり）

International Peace Institute, Seminar Article, “Inclusivity in Peacebuilding and Sustainable Peace” 12 June 2018.

上智大学ホームページ「エスピノサ国連総会議長が来校し学生や教員と対話」二〇一八年八月三一日。

上智大学ホームページ「グローバル教育センターの東大作教授がエスピノサ国連総会議長と面会」二〇一九年三月一三日。

上智大学ホームページ「教皇フランシスコ訪日記念特別連続シンポジウムと上智大学ご訪問」（三回の事前連続セミナーとローマ教皇の講演について日英双方で、記事が掲載されている）

上智大学ホームページ「国連七五周年企画「グローバル課題の解決に向けたグローバルな行動〜感染症、地球温暖化、軍事紛争」を開催しました」

上智大学ホームページ「国連No.2のアミーナ・モハメッド国連副事務総長の特別講演の開催報告（日本語字幕つき動画も掲載）」

上智大学ホームページ「人間の安全保障と平和構築」連続セミナー、特設ページ

世界をつなぐ叡智（ソフィア）
——上智のグローバル教育の本質

学校法人上智学院　総務担当理事
アガスティン・サリ

「マイナビ進学総合研究所」が全国の高校三年生を対象に実施した大学イメージランキングで、本学は「グローバルな」イメージを持つ大学として一位の評価を得た(1)（マイナビ進学総合研究所　二〇二二）。これは、創立当初からの上智大学の性格ともいえる「国際性」への評価に加え、「上智大学グローバル教育センター」の戦略的取り組みや貢献、すなわち『グローバル教育を実践する多様な領域からのアプローチ』に寄与するところが大きいと思われる。本書を通じて、その取り組みや貢献を、実際に現場にかかわった教員らが、批判的にまたは反省的に振り返ろうとしている点に感銘を受けざるを得ない。

上智学院のグローバル教育戦略は、二〇〇一年から上智学院中長期計画（グランド・レイアウト）を通して行われ、二〇二三年度からは次期中長期計画（GL3）という次の段階での新たな発展が期待されている。他方で、その方法論は多様で容易ではなく、また常に諸外国を相手にすることから手間を惜しまぬ対応が求められてきた。

このような数々の労苦を長年経験してきたからこそ、上智大学が推進するグローバル教育は、節目節目で本来目指してきたその精神に立ちかえる必要がある。二〇二二年八月にボストンで開催されたイエズス会国際大学協会（ＩＡＪＵ）の第二回総会で、イエズス会の総長は、「イエズス会の責任の下にある大学教育機関が人類史の今現在行うべき貢献について共同識別する必要がある」と指摘した。つまり、人々、文化、国家を超えた兄弟姉妹関係において、より公正な社会への道を開くのを助けるために何ができるかを、グローバルな視点で識別するように呼びかけたのである。

上智学院の教育と研究への関与は使命（Mission）である。質の高い教育や研究によってより良い世界を創造するために生き、貢献するという人々の使命である。そもそも、上智大学建学の理念は“Sophia bringing the world together”（叡智（ソフィア）が世界をつなぐ）というモットーで表現される。大学創立当初は、東洋と西洋の間の橋渡しという使命を主に意味していたが、グローバル化した現代世界では、私たちが目の当たりにしている様々な対立や格差という課題の解決に取り組むという使命をも意味するようになった。今や貧困、教育格差、文化・宗教対立が世界を分断し、限りない流血の暴力は深刻化している。さらには、地球という私たちの共通の家との対立、つまり環境問題や気候変動の課題も深刻化し、人間とその社会に倫理的課題を提示している。この現実に対して関心を持ち、解決のための何らかの貢献をしようと望むことは人として当然の望みだろう。上智学院のすべての大学と学校においても、教育、研究、社会貢献の活動がこの課題解決の望みに動機づけられることが強く求められる。以前より、グローバルな視点を持ちながらもローカルな取り組みを大切にする地域立脚型研究、アジアやアフリカ等地域の教育研究の発展のために奨学金制度の充実や協力体制の強化が行われてきたが、それに加えて「上智学院サステナビリティ推進本部」が設置されたことも重要な一歩として指摘しておきたい。

対立や分断に引き裂かれた人間世界の中に、あるいは人間と地球の間に和解をもたらすことが、上智建学の理念“Sophia bringing the world together”の現代的な意味である。国連のSDGsの目標が「誰一人取り残すことがない」持続的発展を目指すものであるのと同じく、上智のカトリック大学としての使命、イエズス会によって創立された大学としての使命には「最も弱い立場の人を優先する」という根本的な価値原則がある。それによって上智大学は世界のカトリック大学、イエズス会大学と精神的に結ばれ、協力・協働するネットワークの中に置かれている。“For Others, With Others” という上智の教育精神を表現するモットーは、すべてのイエズス会学校の共通の精神であると同時に、上智の建学の理念を教育の精神として表現するものなのである。

一九九〇年代に私がメンバーであった、インドの大学生のインカレ運動（イエズス会指導下の課外活動）の一つである All India Catholic University Federation（AICUF）には、次のようなモットーがあった。“We were born into an unjust society and we are determined not to leave it as we have found it”(2)。グローバルな視点を持ったこの種の決意は、イエズス会の機関を卒業するすべての人々の一部であるべきだろう。イエズス会出身者である教皇フランシスコは、上智大学訪問中に学生と関係者に向けた演説の中で、次のように述べられた。「人間は自らの資質を建設的かつ効率的に管理するために、真のソフィア、真の叡智なるものをつねに必要としてきました。あまりにも競争と技術革新に方向づけられた社会において、この大学は単に知的教育の場であるだけでなく、よりよい社会と希望にあふれた未来を形成していくための場となるべきです。そして、回勅『ラウダート・シ』(3)の精神で、自然への愛についても加えたいと思います。自然への愛は、アジアの文化に特徴的なものです。ここに、わたしたちの共通の家である地球の保護に向けられる、知的かつ先見的な懸念を表現すべきでしょう」。

上智大学「グローバル教育」の本質に触れた本学の卒業生が、その精神をグローバルな視点で理解し、持続的な社会貢献によってよりよい世界を建設することを確信している。

［注］

（1）マイナビ進学総合研究所「大学認知度・イメージ調査二〇二一」二〇二一年九月五日 https://souken.shingaku.mynavi.jp/home/wp-content/uploads/2021/07/マイナビ進学大学認知度・イメージ調査_9月5日リリース.pdf.

（2）AICUF Poonamalle declaration 1970. 例えば次のようなオンライン記事に詳細が記されている。"Youth Marching with the Marginalized," The Society of Jesus, 4 Feb 2020, https://www.jesuits.global/2020/02/04/youth-marching-with-the-marginalized/. また、筆者が参加したKerala部門についての情報は、https://sites.google.com/site/keralaaicufatkknpp/home に掲載されている。

（3）教皇フランシスコ（二〇一六）『回勅 ラウダート・シ：ともに暮らす家を大切に』（瀬本正之・吉川まみ訳）カトリック中央協議会

第三章　上智大学のグローバル教育、「一〇〇年目の決意」とその継承

――ＳＩＥＤからSophia GEDへ

廣里　恭史

上智大学は、カトリック・イエズス会を設立母体とする大学として、一九一三年に設立され、キリスト教ヒューマニズムに基づき、「他者のために、他者とともに」(For Others, With Others) という、他者を思いやり、社会のために奉仕する精神の涵養を教育理念として掲げると同時に、国際通用性や文化や価値観の多様性を尊重する教育・研究を展開してきた[1]。上智大学は、二〇一三年に創立一〇〇周年を迎え、今日のグローバル社会において「世界に並び立つ大学」となる目標を打ち出した。その前年の二〇一二年には、外国語学部内にグローバル教育センターを設立し、創立一〇〇周年を契機に、次の一〇〇年間へ向けた決意として、上智大学のグローバル教育を強化する新たなコンセプトとしてSophia Initiative for Education and Discovery（ＳＩＥＤ）を表明した。

本章は、このＳＩＥＤを新たなコンセプトとする上智大学のグローバル教育が、グローバル教育センターの設立と二〇一五年のグローバル教育センターの全学組織化への移行プロセスにおいていかに体系化されつつ展開されてきたかを概説する。そしてＳＩＥＤに特徴づけられる上智大学のグローバル教育が、上智大学の海外拠点として二〇一五年に設置されたタイの首都バンコクを拠点とする上智大学ＡＳＥＡＮハブセンター（以下、ハブセンター）を経て、二〇一九年に教育・研修事業会社として同じくバンコクに創設された Sophia Global Education and Discovery Co., Ltd.（Sophia GED）に引き継がれ、どのように発展的に継承されているか、その軌跡を辿っていく。その軌跡を辿る中で、上智大学のグローバル教育の在り方を検討する。本章の最後では、まとめとして今後の課題を整理し、将来展望を試みる。

なお、本章は、公表・未公表の資料、雑誌記事、報告書、ウェブ記事やウェブページなどを中心とした文献調査、及びグローバル教育センターが全学組織化された際の初代グローバル教育センター長（二〇一五年四月～二〇一七年三月）、ＡＳＥＡＮハブセンター長（二〇一五年四月～二〇一九年三月）を歴任し、現在はグローバル教育センター教員と Sophia GED 代表取締役社長（二〇一九年四月以降）を兼任している筆者の所見・見解がベースとなっている。また、本章の期間的な範囲は、二〇二〇年四月以降に顕在化した新型コロナ感染症の蔓延（いわゆるコロナ禍）以前、すなわち、世界的に人の移動が制限され、東南アジアにおいても留学や学生交流が大幅に制限されたコロナ禍に至る以前を主な範囲とした。コロナ禍中のSophia GED事業のオンライン化については諸事業の紹介に留め、それら事業による学習効果やコロナ禍後のハイブリッド化（オンラインとオフライン形態の組み合わせ）への展望については、機会を改めてより詳しく論じることにしたい。

急速なグローバル化への対応

上智大学の起源は、一五四九年にカトリック修道会イエズス会宣教師であった聖フランシスコ・ザビエルが来日した時代に遡る。当時、ザビエルは日本人の優秀さと知的好奇心の強さに感銘を受け、ザビエルが学んだパリ大学のような大学を日本に創り、ヨーロッパと日本との間で文化・思想・宗教の交流を行うことを構想したが、この構想が数世紀を経て、一九一三年の上智大学の設立に繋がったとされている[2]。

大学設立後、第二次世界大戦を経て、教育面での国際通用性が強く意識される中で、日本の大学としては嚆矢となる国際部が一九四九年に創設された。その後、一九七五年に国際部は、外国語学部日本語・日本文化学科へ改組され、当時竣工された市谷キャンパスへ移転された。

一九八七年には、外国語学部から独立する形で開設された比較文化学部を経て、二〇〇六年には、国際教養学部へと改組された。国際教養学部は、国内外の高校を卒業した日本人学生、様々な国籍の交換留学生・外国学校出身学生が共に学びあう国際的な教育環境を提供してきた。また、この改組に合わせ、国際教養学部が市谷キャンパスから四谷キャンパスに移転し、人文・社会科学系から自然科学系の全学部・学科と全大学院専攻が一つのキャンパスに集約されることによって、機動力と連携力のある都市型の「小さな総合大学」として、グローバル・キャンパス化を加速することになった。[3]

他方、二〇〇〇年以降のグローバル化の深化と呼応するかのように「二十一世紀型スキル」、「持続可能な開発のための教育」や「コンピテンシー」等に関する議論が活発になり、日本においては、いわゆるグローバル人材の育成について高等教育機関である大学が担う役割の強化が求められるようになった。このような背景によって、一連の外部資金（文部科学省）による大学助成が始まった。上智大学は、急速なグローバル化に対応してきたが、そのプロセスにおけるグローバル教育を強化するため、外部資金を積極的に活用しつつ、各事業を企画・実施してきた。二〇〇二年度に、「地域立脚型グローバル・スタディーズ（Area-Based Global Studies: AGLOS）の構築」によって『二十一世紀ＣＯＥプログラム』（いわゆる「グローバル三〇」）に採択された。(4) このCOEプログラムを継承したのが二〇〇六年度に開設された大学院グローバル・スタディーズ研究科であり、この研究科では、日本ではいち早くグローバル・スタディーズ関連科目を開講し、あわせてグローバル化とその諸問題に関する研究を推進してきた。(5)

　二〇一二年には、外国語学部が『グローバル人材育成推進事業』に採択され、構想課題として「経済社会の発展を牽引するグローバル人材育成支援」に着手したことを受けて、(6) 新たなグローバル教育のコンセプトであるSIEDを掲げるグローバル教育センターの設立へ至る（設立当初の英語表記名は、Center for Global Discovery）。さらに、上智大学は、二〇一四年度の文部科学省『スーパーグローバル大学創成支援事業』（以下、SGU事業）に採択され、構想名である「多層的ハブ機能を有するグローバル・キャンパスの創成と支援ガバナンスの確立」(7) を通じ、キリスト教精神を源泉とした教育の精神を備えつつ、地球規模課題に対して果敢にチャレンジする人材を国籍の枠を超えて育成する先導的なグローバル教育を展開すること、そしてそれを実現させる環境の整備を目指すことになった。

　グローバル教育センターは、二〇一五年度より、SGU事業構想を受けて外国語学部のグローバル教育機関から全学的な組織へ改変された。これまで上智大学の様々な学部・学科や部署が担っていた機能や役割を、一層充実させた形で、統一的かつ戦略的にグローバル教育を展開することを担う全学センターとなった。具体的には、従来の交換留学を含む海外への長期・短期留学や研修プログラム、及びインターンシップ科目を含むグローバル教育関連科目の企画・実施のほか、海外の有力大学との協定締結を含む国際連携推進等である。

グローバル教育センターは、外部資金による各種事業の実施を契機の一つとしながら、組織の改編のみならず、その業務内容を拡充させてきた。右記の外部資金事業のほかには、同じく文部科学省による一連の『大学の世界展開力強化事業』に採択されてきた。二〇一三年の『海外との戦略的高等教育連携支援――ＡＩＭＳプログラム』ではSophia ASEAN International Mobility for Students（ＳＡＩＭＳ）プログラムを中心とする「多様性の調和を目指す学融合型の人間開発教育プログラム」構想を展開し、東南アジア四ヵ国の有力七大学との双方的な交換留学を推進してきた[8]（詳細は杉浦の章を参照）、二〇一五年の『中南米等との大学間交流形成支援』では、「人の移動と共生における調和と人間の尊厳を追求する課題解決型の教育交流プログラム」（南山大学・上智大学短大と共同）の Sophia Nanzan Latin America Program（ＬＡＰ）によってメキシコ、コロンビア、ペルー、チリ、アルゼンチン、ブラジルの六ヵ国一三大学と連携し、長期・短期の留学プログラムを中心とした取り組みを行ってきた。[9]二〇一八年には『ＣＯＩＬ型教育を活用した米国等との大学間交流形成支援』に採択され、「人間の安全保障と多文化共生に係る課題発見型国際協働オンライン学習プログラムの開発」（お茶の水女子大学・静岡県立大学と共同）というオンライン国際協働学習に特化したプログラムを実施してきた(10)（詳細は、小松、水谷、李の該当章やコラムを参照）。グローバル教育センターが中心となって企画・実施してきた各種の外部資金事業は、事業終了後もグローバル教育センターが引き続きそれら事業の継続を担っている。

なお、上智大学としては、グローバル教育センターによるグローバル教育の展開以外にも、二〇一四年には、新たに「総合グローバル学部」を開設している。この新設学部では、グローバルな共生社会への貢献を目指して「グローバル」と「ローカル」の双方向の視点を持ち、世界を立体的に捉えられる人材の育成に取り組んでいる。二〇一五年には、国際協力人材育成センターを設置して、主に一般の社会人を対象とする国際機関実務者養成コースの開講、国際協力にかかる各種プログラムや国連ウィークス・アフリカウィークスのような各イベントを実施している。

また、グローバル教育センターとともに、上智大学のグローバル教育の強化を担っているのは二〇一二年に開設された「言語教育研究センター」である。全学の語学教育の質的かつ量的な拡充を担う組織で、英語だけでなくヨーロッパ、アジア、アフリカ諸語といった複言語の運

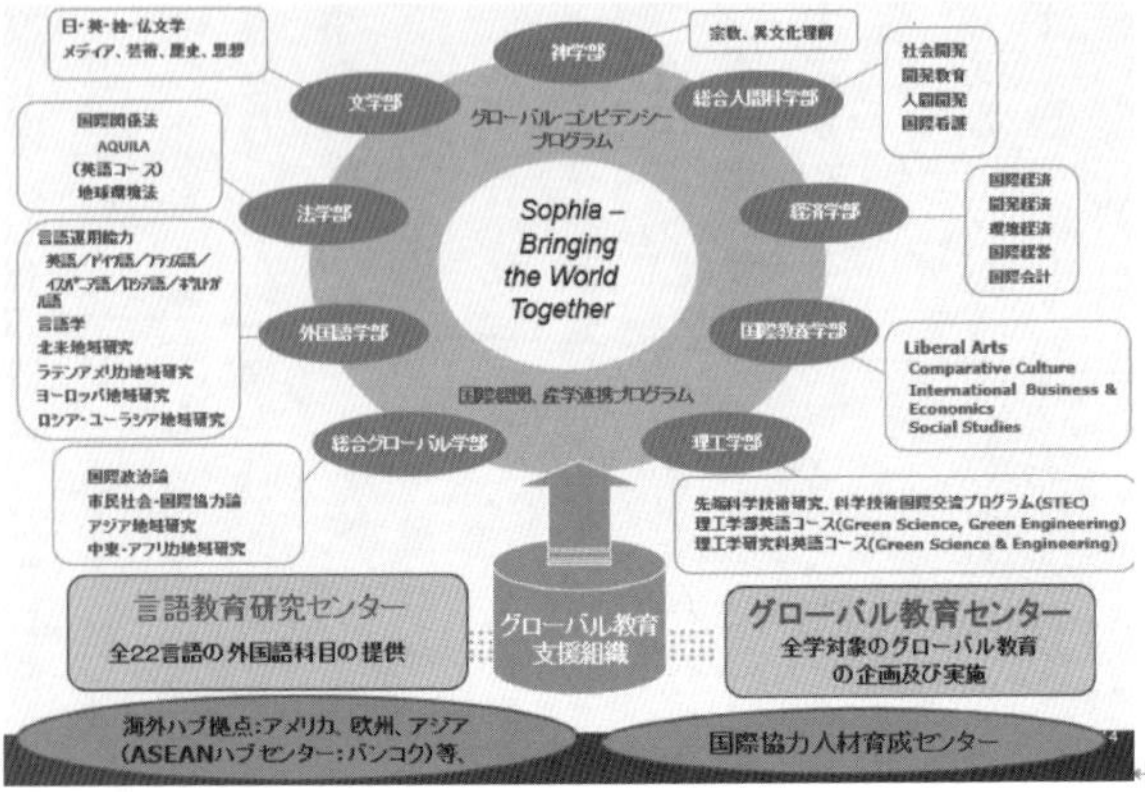

図1　上智大学グローバル教育マップ
出典：東洋経済（2013、31頁）を加筆修正し、筆者作成

用を視野に入れ、高度なコミュニケーション力の育成を目指している。このように、上智大学は、グローバル教育センターと言語教育研究センターの二つの組織を両輪として学部・学科との連携を図りながら、グローバル教育を推進してきた（東洋経済新報社 二〇一三、東洋経済新報社 二〇一五）。**図1**は、この二つの組織を両輪とするグローバル教育支援体制と各学部・学科や海外拠点と連携するグローバル教育をマッピングしたものである。

SIED、「上智大学のグローバル教育、一〇〇年目の決意」とは？

本章の冒頭で述べたように、上智大学は、創立一〇〇周年を契機とした「一〇〇年目の決意」として、次の一〇〇年を見据えてグローバル市民としての高みを目指す若者の育成強化に踏み出すことになったが、この決意とアクションを象徴するコンセプトとして新たに設定されたグローバル教育コンセプトがＳＩＥＤである。その内容は、二〇一二年採択の『グローバル人材育成推進事業』にて表明されたグローバル教育構想「経済社会の発展を牽引するグローバル人材育成支援」（前述）である。具体的には「三言語（日本語、専攻語（英語学科は他の外国語）、英語）×三視座（日本発信力、地域多様性理解力、地球課題発見解決力）」によるグローバル・コンピテンシーを発揮し、多言語・多文化の多様な世界において、他者のために尽くすことのできる人材を育成するというグローバル教育の目標とグローバル人材像を明らかにした(11)。

この「三言語×三視座」をさらに拡張させたのが「三つのスキル×三つの行動力」というコンセプトである。**表1**のように、言語能力としては、母語の日本語、グローバル言語としての英語、外国語学部が有する専攻語（英語学科は他の外国語）を身に付けることが目標となった。また、語学に堪能になるだけでなく、専門知識と学際的な知識の獲得や他者との関係を構築するスキルに加えて、それぞれのスキルが日本から発信する力、地球的な視野で俯瞰する力、地域の多様性を理解する力という三つの行動力とリンクしている。そして、このＳＩＥＤというグローバル教育コンセプトを図示したのが**図2**である。特に、ＳＩＥＤに込められた

表1　3つのスキルと3つの行動力

3つのスキル
・言語能力：母語＋英語能力＋様々な地域の言語も探究 ・専門知識：課題解決、新たな価値の創造に向けた、専門知識・学際的な知識の取得 ・関係構築：出会う人々に心を開き、互いの理解を深める
3つの行動力
・日本から発信する力：自分自身と日本への理解 ・地域を理解する力：他者視点から世界を観る力 ・地球的視野で俯瞰する力：日本や地域にとらわれない視野で解決策を見出す力

出典：廣里(2017) より筆者作成

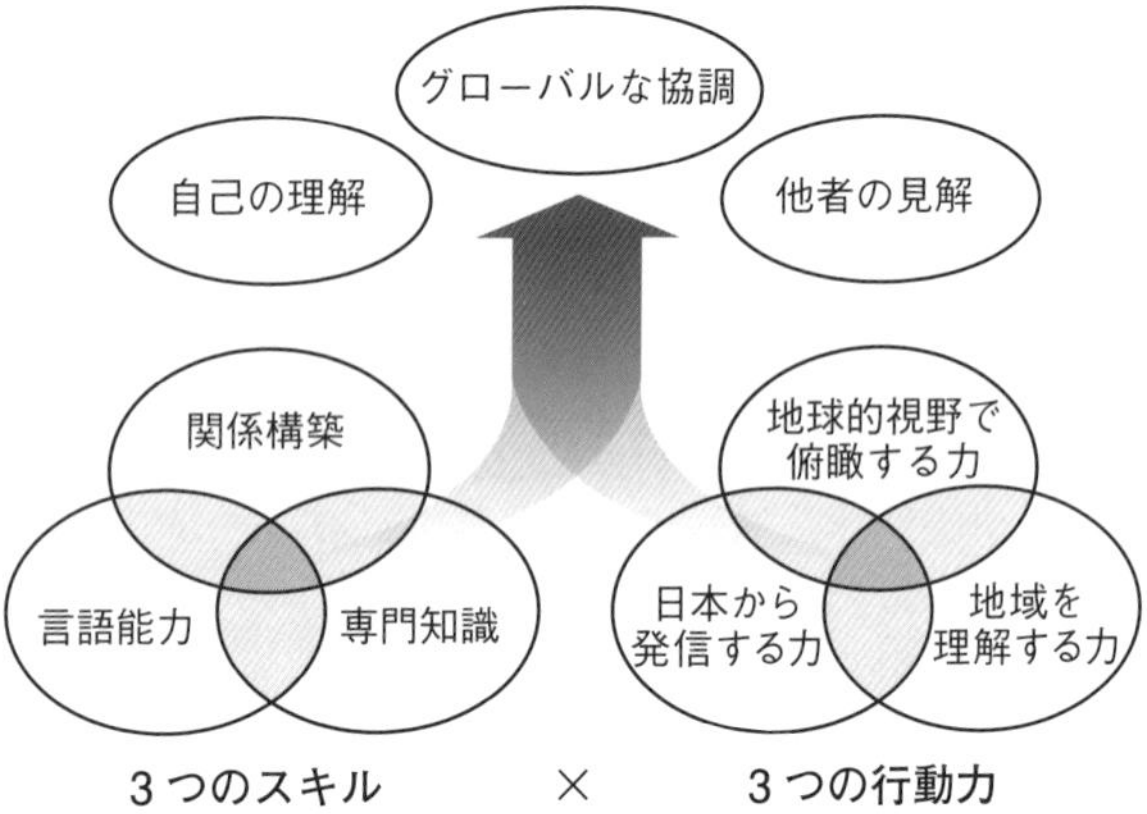

図2　SIEDというグローバル教育コンセプト
出典：上智大学（2013）

「Discovery（発見）」は、グローバル人材に求められる「地球課題発見解決力」や「地球的な視野で俯瞰する力」と「地域の多様性を理解する力」は、日本語や英語によるだけではなく、専攻語や専攻語の通用する地域の視点から世界を展望することによって形成される、との立場を強調した考え方である。

このＳＩＥＤを外国語学部とグローバル教育センターが推進することで、コンセプトの進化と全学部のグローバル化を加速させていこうとした。この動きに加えて、同センターは、外国語学部から全学に広げていくＳＩＥＤの具体的な展開に着手することになる。二〇一五年四月、外国語学部内に設置されていたグローバル教育センターは、前述のように「ＳＧＵ事業」構想において全学的な組織に生まれ変わった。さらに、二〇一七年度以降は、グローバル教育センターの英語表記名が設立当初の Center for Global Discovery に「Education（教育）」を加えた Center for Global Education and Discovery に改められ、上智大学のグローバル教育において、問題や課題解決の発見（「Discovery（発見）」）を教育活動を通じて目指す立場や姿勢が再認識されることに繋がった。

全学組織化されたグローバル教育センターの業務範囲は、留学プログラムとして従来の交換留学を含む海外長期留学プログラムの企画と運営のほか、海外の有力大学や機関との協定締結

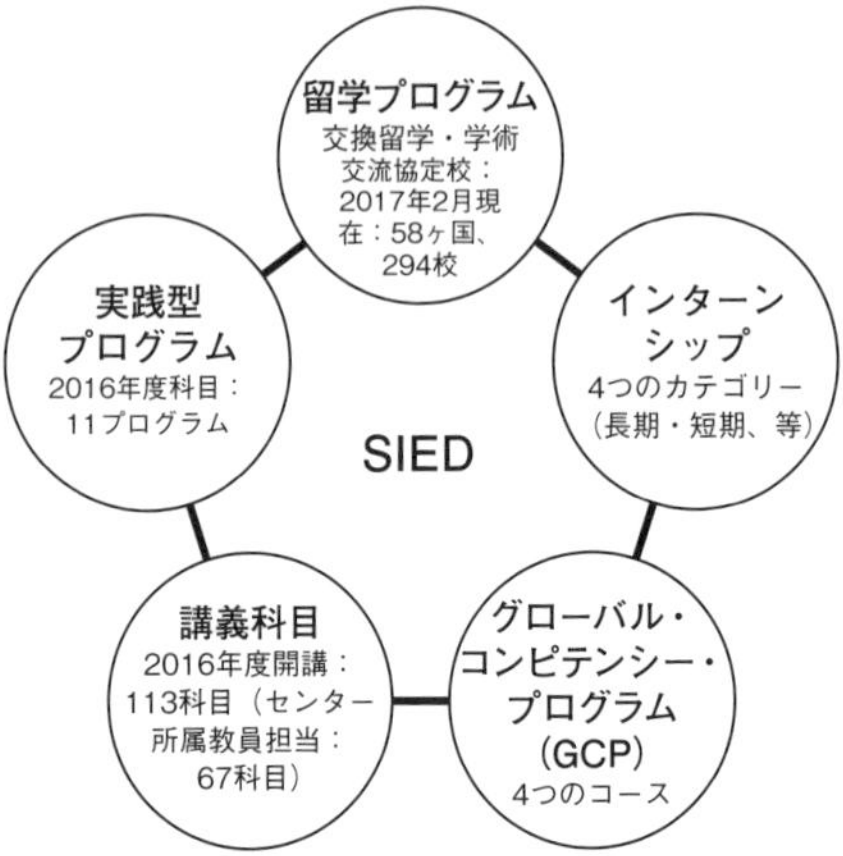

図3　グローバル教育センター活動の5つの柱
出典：廣里（2017）

を含む国際連携、実践型プログラムとして海外の短期研修プログラムの拡充、インターンシッププログラムの開拓と実施、グローバル教育関連の講義科目の開発運営、グローバル・コンピテンシー・プログラムといった新コースの開設など、グローバル教育全般に関わる支援を充実させることとなった。これらの事業は、**図3**のように、グローバル教育センター活動の五つの柱として分類され、全学組織としての活動範囲が設定された（廣里 二〇一七、上智大学 二〇二〇）。

　加えて、SIEDをベースとして、全学組織化されたグローバル教育センターは、グローバル教育の体系化にも着手し、当時のグローバル教育センター長（筆者）によれば、グローバル

表2　グローバル教育のビジョン、ミッション、教育目標、グローバル人材のコンセプト

上智大学のビジョン
「叡智（SOPHIA）が世界を繋ぐ」という精神のもと、「世界に並び立つ大学」として日本と世界のグローバル教育を牽引する。
上智大学のミッション
建学理念に通じる教育精神：高い倫理性と自立性を有し、「他者のために、他者とともに（“For Others, With Others”）」に生きる人間を育成する。
上智大学の教育目標
上智型グローバル人材の輩出：学問・研究と社会貢献を通じて、グローバル社会における「人間の尊厳（Human Dignity）」を脅かす貧困、環境、教育、倫理など、地球規模の課題解決に向けて活躍できる人材の育成。
上智型グローバル人材のコンセプト
SIEDをグローバル人材のコンセプトとする、グローバル市民として欠かせない資質である「3つのスキルと3つの行動力」を身につけるプログラムを提供し、グローバルな協調と調和を促進する人材の育成を目指している。

出典：筆者作成

教育のビジョン、ミッション、教育目標、グローバル人材のコンセプトを**表2**のようにまとめることができる。

さらに、全学組織化されたグローバル教育センターは、**図4**に提示されるように、上智型のグローバル人材を輩出するため、上智大学長のリーダーシップの下で、グローバル社会へ向けた教養教育の体系化を目指し、幾つかのグローバル教養教育としての科目群を設定した。すなわち、グローバル社会で活躍するために必要な高度な専門性、外国語運用能力を

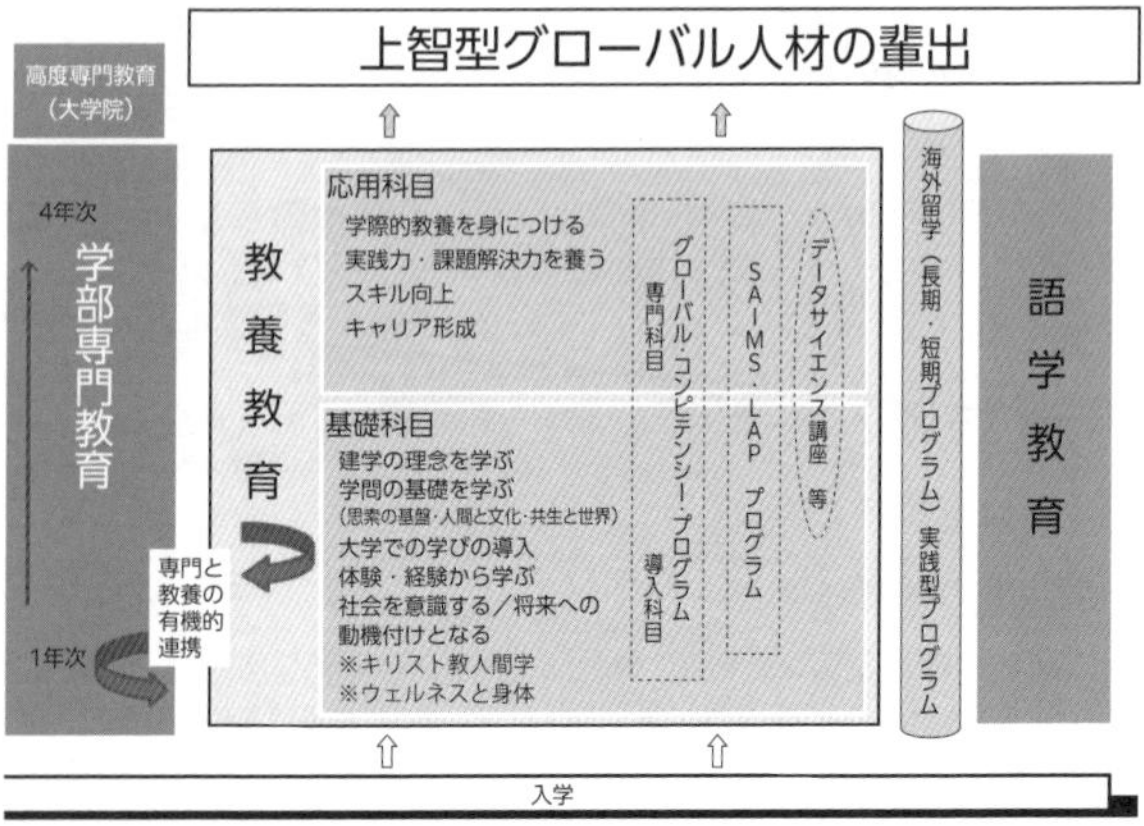

図4　上智大学のグローバル教養教育の体系化とグローバル教育センターの位置づけ

出典：廣里（2017）

含むコミュニケーション能力の育成、幅広く高度な教養、地球的視野で俯瞰する行動力の修得を目指す教養教育科目群からなる体系的なカリキュラムの構築であった。上智大学長（曄道佳明氏）は、このようなグローバル教養教育を、本来は「グローバル」とあえて強調することなく、広義の教養教育に含めるべきであるとの、逆説的な意味合いを込めて、以下のような見解を表している。

「最も理想的なのは、学生がグローバル人材ですと言わなくていいという状態でしょう。たとえば国文学や法律を学ぼうが、彼らが生きる社会がグローバル社会なのですから、どんな学部にしても、そういう視点を持った学生たちが育つのが理想であり、上智大学は着実にその方向に進んでいると思います。そうした意味では、大学からグローバルなんていう言葉がなくなることが最終目標とも言えますが、だからこそ私は逆に現時点では敢えてグローバル化やグローバル社会と言い続けていたい。つまり日本はまだまだ特殊な状況下にあることを、若い人たちに広く知ってもらうことが必要だと考えているのです。」（上智大学 二〇一三）

外国語学部内に設立されたグローバル教育センターを経て、全学組織化されグローバル教育センターの活動、そしてグローバル教養教育の体系化への取り組み等を対象に二〇一二年度から二〇一六年度までの活動を総括する国際シンポジウムが二〇一七年二月に開催された。この国際シンポジウムは「上智大学におけるグローバル教育――ソフィア・イニシアティブ（ＳＩＥＤ）の現状と展望」と題され、事業の終了年度において「グローバル人材育成推進事業」の振り返りと上智大学のグローバル教育の展開及び海外実践型プログラムについてのパネル討論を行った[12]。パネル討論の課題設定として、筆者は「上智大学によるグローバル教育の構造と射程」とする報告を行った（廣里 二〇一七）。

ＳＩＥＤの海外展開——上智大学ＡＳＥＡＮハブセンターの設立

この二〇一六年度末時点における上智大学のグローバル教育を総括したシンポジウムに先駆け、上智大学は、二〇一四年度に採択されたＳＧＵ事業を契機として、海外拠点の拡充を行うことになったが、その海外拠点の一つとして、二〇一五年四月にタイのバンコクにある名門大学であるチュラロンコーン大学政治学部内に「上智大学ＡＳＥＡＮハブセンター」を設置した。上智大学のカンボジアの「アジア人材育成研究センター」をベースとするアンコールワット遺跡群の修復・保全のための人材育成の取り組みは、カンボジアのみならず、国内外から高い評価を受けており、早くから東南アジアでの教育・研究活動を展開してきた。一方、東南アジアは、二〇一五年一二月以降「ＡＳＥＡＮ共同体」が発足し、約六億五千万人以上の人口を抱え、急速に新中間層が台頭しており、資金、物、情報、労働力の自由な移動を含む地殻変動が加速化している地域と見做されてきた。このような地域において、アジア人材（東南アジア経験や関心を有する日本人学生、及び日本への留学経験を有するあるいは現地で日本語を学ぶ学生）の確保と育成に関して、ＳＡＩＭＳプログラムに加えて、大胆かつ機動的な取り組みを早期に実施する必要があるとの認識に基づき、このハブセンターが設置された。

実際、タイのバンコクには、多く国際機関のアジア・太平洋地域の統括事務所が集積し、アセアン大学連合（ASEAN University Network，略してＡＵＮ）といった大学間ネットワークの本部や東南アジア教育大臣機構高等教育開発センター（Southeast Asian Ministers of Education Organization-Regional Center for Higher Education and Development，以下、SEAMEO RIHED）のような高等教育の地域国際機関が存在している。このことからもタイの海外拠点は、単にバンコクにある大学の一つの海外事務所ではなく、その名称の通り、多層的なハブ機能を持つハブセンターとして、本学のグローバルキャンパス創成の柱となる意味合いが込められている。東南アジア全域における活動展開を視野に入れつつ、「産学官連携モデル」による本学のグローバル人材の還流拠点として、留学フェアへの参加、国際シンポジウムの開催、在タイの日本の大学事務所や拠点間のネットワークである「在タイ大学連絡会」への参加、海外高校指定校の開拓、スタディツアーの企画・実施、等を行ってきた。ハブセンターは、アジア・太平洋地域を管轄するユネスコ・バンコク事務所及びＡＩＭＳプログラムと「大メコン圏大学コンソーシアム（Greater Mekong Subregion University Consortium，略してGMS-UC）」の事務局機能を持つSEAMEO RIHEDとの包括連携協定の締結と運用に際しても、中心的な役割を果たしてきた。

そして、ハブセンターは、東南アジア四ヵ国の有力七大学との双方的な交換留学を促進するＳＡＩＭＳプログラムの実施を踏まえ、留学フェアへの参加、国際シンポジウムの開催、「メコン経済回廊スタディツアー（二〇一六年度の東西経済回廊編、二〇一七年度の南北経済回廊編、二〇一八年度の南部・東部経済回廊編）」等の実践型プログラムの企画・実施などを通じて、本学の教育研究活動、広報活動、及び人的交流に貢献することを目的とした。加えて、海外拠点におけるグローバルSDや海外IR活動によって、グローバルキャンパスの創成へ向けた本学職員の国際性とグローバル・コンピテンシーを高めることが期待された。表3は、ハブセンター設置以来の主な活動歴を、分野別に整理したものである。

ハブセンターは、このような活動についてバンコクを拠点に展開していたが、海外拠点を拡充しようとする多くの大学によって日本の大学事務所・拠点数が五〇大学を超え、すでに飽和状態に向かっていた。上智大学の特色のある活動としては、カトリック信者が多い北部タイにおいて日本語スピーチコンテストの優勝者に上智大学での一年間の留学機会を提供してきたことである。北部タイの少数山岳民族や難民等の社会的弱者に寄り添って、国際社会貢献意識の高い人材を育成することは、上智大学の建学及び教育精神に沿った人材育成事業であろう。その中で、ハブセンターは、チェンライ郊外に設立されたイエズス会の高等教育機関であるザビエル学習コミュニティ（Xavier Learning Community，以下、XLC）とのパートナシップ協定の締結に大きな役割を担い（二〇一八年六月に締結）、ハブセンターが企画・実施する「メコン

表３　上智大学 ASEAN ハブセンターの主な活動歴

スタディツアー（上智大学海外実践型プログラム、等）
上智大学からのタイ派遣留学生を対象とした短期スタディツアー、「メコン経済回廊スタディツアー」、等の企画と引率。
国際共同研究等、学術交流・研究活動支援
「私立大学研究ブランディング事業」への現地サポート、上智大学教員と学生によるアサンプション大学との交流サポート、グローバルスタディーズ研究科によるチュラロンコーン大学政治学部国際開発修士プログラムとのダブル・ディグリープログラムにかかる協議、ザビエル学習コミュニティ（XLC）とのパートナーシップ協定締結支援、等。
海外指定校との連携、留学促進支援
バンコク国際学校とチュラロンコーン大学付属高校との協定締結支援、日本学生支援機構、日本大使館主催、及びチュラロンコーン大学主催の留学フェア参加。
大学間連携支援
「在タイ大学連絡会」への出席、東南アジア教育大臣機構－高等教育開発センター（SEAMEO RIHED）主催のセミナー出席、等。
その他
上智大学 ASEAN ハブセンター開設シンポジウムと「学生移動におけるイノベーション」国際シンポジウムの開催、北タイにおける日本語スピーチコンテストのサポート、東南アジアの大学・高等教育機関と学生移動に関する情報収集、等。

出典：上智大学総務局経営企画グループ・上智 ASEANハブセンター（2018）より筆者作成

経済回廊スタディツアー」を通して、少数山岳民族への教育・研修支援を行っている「暁の家」との交流、チェンマイ大学、メーファールアン大学、チェンライラチャパット大学との学生交流に着手した。

上智大学ASEANハブセンターからSophia GEDへ

二〇二三年度末に予定されている「SGU事業」終了後を見据え、東南アジアにおける重要拠点であるタイにおいて東南アジア（特に、メコン地域）の教育・研究・人的交流ハブとしての拠点活動を継続し、発展的に展開していくためには、SGU予算に拠らない予算基盤とタイにおける法的基盤を確立することによって、持続可能なハブセンターの運営体制・方法を早急に検討する必要があった。そこで、上智大学の二〇一八年度の『教職協働・職員協働イノベーション研究』として「グローバルキャンパス創成へ向けた海外拠点の戦略的展開」によるハブセンターの法人化へ向けた準備調査を実施し、その事業計画書を作成した。NGO形態、財団形態、地域統括事務所形態、非公開株式会社（会社法人）形態等が吟味された結果、上智大学にとっては、会社法人形態が最も実現可能性が高いという結論が導かれた（上智大学総務局経営企画グループ・上智ASEANハブセンター　二〇一八）。

会社法人化によって、タイ政府の方針に沿う形での法的基盤が確立できることから、収益を伴う事業運営や各種外部資金の獲得への道が開かれる。そして、現地に根ざした活動を行うことで国際社会貢献にも繋がるものとなる。具体的な事業は、上智大学の強みとブランド力を生かした教学プログラムの展開を主とするが、上智大学生のみを対象とするものではなく、日本と東南アジアの高校生、大学生、一般社会人を対象とすることが可能となる。同時に、会社法人形態をとることによって、予算・法的基盤の確立という観点からも、バンコクや東南アジアに多数設置されている国内他大学の拠点やサテライト施設との差別化を図ることが可能となる。上智大学の建学精神と教育理念及び東南アジアでの組織的・人的ネットワークをベースに、質の高いスタディツアーをはじめとした特色と個性ある教育・研修事業を、日本・東南アジア双方の幅広い層を対象に新たなステージにおける活動を展開することになった（上智大学総務局経営企画グループ・上智ＡＳＥＡＮハブセンター　二〇一八）。

そして二〇一九年四月、海外拠点活動のさらなる活性化と持続発展的な展開を目指し、Sophia Global Education and Discovery Co., Ltd.（Sophia GED）として、タイ会社法に基づく非公開株式会社としてタイ商務省への会社登記が完了し、上智学院（上智大学を含む教育機関を運営する法人）を主な出資者とする会社法人が設立された。筆頭株主として教育・研修事業会社を海外に設立することは日本の教育機関としては上智学院が初めてのことである。[13] 資本金は四〇〇〇万バーツで、人員体制としては、代表取締役社長（筆者）の他に、日本人スタッフ一名とタイ人スタッフ八名の合計一〇名による会社法人となった。またSophia GEDのオフィスは、国際交流基金バンコク日本文化センター、日本学生支援機構タイ事務所、日本学術振興会バンコク研究連絡センターのバンコク事務所や大阪大学ASEAN拠点、立命館アジア太平洋大学タイオフィス、東京国際大学タイ事務所が入居するビルの同じフロアに同居することになった。このビルは京都大学アセアンセンター、明治大学アセアンセンター、東海大学バンコク事務所があるバンコクの中心的な商業地区の一つであるアソック地区に位置し、Sophia GEDとしても、日本の政府系機関や日本の大学間の交流に関して地の利を生かせる場所にオフィスを構えることとした。

Sophia GEDの企業理念（ミッション）は、「東南アジアのフィールドからグローバルで実践的な学びの場を創出する」ことであり、代表取締役社長である筆者は、「Sophia GEDは、実践型の魅力ある教育・研修プログラムを中心とする事業をタイのみならず、東南アジアにおいて、グローバルな学習コミュニティーを創設することによって、持続可能な未来社会の構築に寄与する」と表明した。[14] Sophia GEDは、社名に「Global Education and Discovery（グローバ

表4　Sophia GED の事業目標と事業内容

（1）事業目標
・特色と個性ある教学プログラムの企画・実施による「人材育成事業の展開」を通じて、国際社会貢献意識の高い上智型のグローバル人材を育成するという上智大学の使命を実践しつつ、営利活動として収益を上げることが出来る教育・研修事業を展開する。 ・タイ・バンコクの上智大学の海外拠点「ASEANハブセンター」の予算的・法的基盤を確立し、将来を見据えた本学の新たな教育・研究及び人的交流の「柱」を構築する。
（2）事業内容
・上智大学を主な対象としつつ、本学と親和性の高い教育機関も対象に含め、国際機関やイエズス会ネットワークを活かした質の高い実践型教育プログラムを企画・実施する。 ・大学生のみならず、高校生、社会人、企業まで幅広く教育事業を展開することで、本学のプレゼンスとブランドの向上へ貢献しつつ、安定した収益を確保する。

出典：上智大学総務局経営企画グループ・上智 ASEANハブセンター（2018）より筆者作成

ル教育と発見）」を取り入れて、SIEDコンセプトに込められた「Discovery（発見）」を継承する意図を表した。ハブセンター機能をさらに強化し、かつ上智大学のメインキャンパスである東京四谷キャンパスのグローバル教育センターと連携しつつ、引き続き国際貢献への高い志を持つ次世代の上智型グローバル人材の育成と日本と東南アジアにおける高等教育の拡充への貢献を通じて、より良い国際社会の実現に寄与することを目指すことになった。Sophia GED の具体的な事業目標と内容は**表4**のように整理しうる。

Sophia GED設立の初年度である二〇一九年度に取り組んだ事業は、上智大学からの委託業務であるSophia GED設立記念シンポジウム（二〇一九年七月開催）と上智大学の国連ウィークス（二〇一九年一〇月）に実施されたイベントである。これらのシンポジウムやイベントは主に、タイと日本におけるSophia GEDの知名度・認知度を向上させることを目的に企画・実施されたものである。まず、Sophia GED設立記念シンポジウムは、由緒ある王立サイアム・ソサイエティで開催された。ユネスコ・バンコク事務所長による基調講演「SDGs時代とその後の生涯学習プロセスにおける高等教育の未来」（Future of Higher Education as Life-Long Learning Process in the Era of SDGs and Beyond）の後、上智大学のSGU事業における海外拠点の位置づけと課題、及びSophia GEDの事業概要、計画と人員体制、事業会社設立の経緯について説明を行った。さらに、タイ内外の専門家や関係者によって「大学の海外拠点事務所に何ができるであろうか？」（What Universities' Overseas Offices Can Do?）と題したパネル討論を実施した。

また国連ウィークスでは、タイの当時のトップアイドルグループ、BNK48のキャプテンであったチャープラン・アーリークン（Cherprang Areekul）さんを招いて「SDGsへの若者のコミットメント」（Youth Commitment to SDGs）と題する特別トークセッションを行った。この特別トークセッションには、バンコクにある国連アジア太平洋経済社会委員会（ＥＳＣＡＰ）の副事務局長、ユネスコ・バンコク事務所長、及び上智大学の学生代表を交えてのトークセッションで、若者によるＳＤＧｓへのコミットメントを様々な立場と角度から論じる討論会となった。タイの有力大学であるマヒドン大学国際カレッジを卒業した直後で、タイにおけるインフルエンサーとしての立場もあったチャープランさんを招いてのトークイベントを開催したことは一定の広報的な効果があったと言えよう。また、同じく国連ウィークスにおいては「バンコク国連機関とアジア太平洋の持続可能な開発への課題と展望」（UN Agencies in Bangkok and Issues and Prospects for SDGs in the Asia and Pacific Region）と題したシンポジウムも共催し、ＥＳＣＡＰの副事務局長による基調講演とパネル討論を行った。

また上智大学の実践型スタディツアーとしては「北部タイ：サービスラーニングプログラム」（二〇一九年八月実施）、「メコン経済回廊スタディツアー（東西経済回廊編）」（二〇一九年九月実施）、「バンコク国際機関実地研修」（二〇二〇年二月実施）、「メコン経済回廊スタディツアー（東部・南部経済回廊編）」（二〇二〇年三月実施）と精力的に活動をしてきた。特に、二〇二〇年三月に実施された「メコン経済回廊スタディツアー（東部・南部経済回廊編）」では、コロナ禍が迫る状況で、タイ、カンボジア、ベトナムを陸路で往く研修プログラムを敢行した。これらの実践型スタディツアーの参加学生は、経済特区と日系企業、インフラ施設、バンコク都市スラム、国際機関、研究所、大学・高等教育機関、歴史・文化遺産、等を訪問し、様々な問題や課題を発見し、問題や課題解決の提案を行った。しかし、タイにおいては二〇二〇年三月二六日以降の「非常事態宣言」下による限定的なロックダウン及び四月四日以降のタイへ向けた航空機の飛行禁止により、学生や教職員のタイへの渡航ができず、また関連機関や協定校への訪問ができない状況となった。タイとカンボジア、ラオス等の周辺国との国境が封鎖され、周辺国でもコロナウイルス蔓延による厳しい国内外への移動制限がかかった。Sophia GED の主事業である実践型スタディツアーの実施が不可能となったのである。

すなわち、Sophia GED が設立後、一年を経ずにコロナ禍に見舞われたことにより、Sophia GED の事業形態を早急に見直し、事業のオンライン化を図る喫緊の必要性に直面した。二〇二〇年四月以降、事業のオンライン化への移行準備に着手し、コロナ禍においても、グローバルな学びの場や機会を絶やすことのないよう、Sophia GED として事業展開が可能な活動に真剣に取り組んだ。

まず、高校生を対象としたプログラムとして、二〇二〇年五月に、オンライン高校生向けの探究学習プログラムである「せかい探究部」を構想した。二〇二二年度の学習指導要領の改訂で、高校における探究学習への取り組みが明記される予定であったことにも鑑み、特に東南アジアを巡る国際関係や政治・経済・社会課題あるいは様々な事象（文化、宗教、言語、旅行、芸能、音楽、ファッション等を含む）に関心のある高校生を対象に、二〇二〇年六月より二ヵ月間の体験学習を開始し、同年九月から二〇二一年三月まで、一八名の参加者を得て「せかい探究部」第一期生の活動を実施した。個々の参加者が「わくわく感（高揚感）」を持って取り組めるテーマを自ら発見し、探究論文を作成するプロセスにおいて学ぶことの楽しみや「自らの学び」を創出する力の涵養に努め、探究学習の成果として「論文集」を作成することができた（Sophia GED 編 二〇二一、Sophia GED 編 二〇二二）。本事業は、二〇二一年度からは、第二期生五三名、そして二〇二二年度からは、第三期生五七名を対象に活動を行い、上智大学の高大接続教育プログラムとしての位置づけも試みられている。(15)

大学生向けのプログラムとしても、二〇二〇年九月に東南アジアの三ヵ国の四つの協定大学・高等教育機関と連携し、コロナ禍におけるグローバル化を再考しつつ、コロナ禍においても多文化・多民族・多宗教の共存を目指す強靭で持続可能な未来社会を共に創っていくことを共通テーマとしたオンラインプログラム「東南アジアに学ぶ～強靭で持続可能な未来社会の共創」(Learning from Southeast Asia~Creating Together Resilient and Sustainable Future Society)

を実施した。上智大学に加え、フィリピンのアテネオ・デ・マニラ大学、タイのマヒドン大学とXLC、マレーシア国民大学から約一八〇人の学生が参加した。[16]

二〇二〇年度以降も、コロナ禍において様々なオンラインプログラムを企画・実施してきた。上智大学の実践型プログラムとしてのオンライン「バンコク国際機関実地研修」(二〇二〇年二月及び二〇二〇年八月実施)[17]と関西学院大学との合同オンライン「北部タイ:サービスラーニングプログラム」(二〇二二年二月実施)に加え、上智大学の国際協力人材育成センターとの共催にて「バンコク国際機関実務者養成コース(社会開発分野)」(二〇二〇年一一月~一二月実施)及び「バンコク国際機関実務者養成コース(国際教育開発・協力分野)」(二〇二一年一一月~二〇二二年一月)を実施した。[18][19]

グローバル教育センターのグローバル・インターンシップ科目によるインターンシップ学生の受け入れ(オンライン)も開始した。ユニークな活動としては、タイの有力財閥のCPグループ傘下の企業大学であるパンヤピワット経営大学(Panyapiwat Institute of Management, 以下、PIM)とのパートナーシップ協定の締結と、PIMとの共催によるオンライン「起業家・リーダーシップ養成プログラム」の企画・コーディネートを行ったことである。さらに、特筆すべきは、全員留学の方針を取る千葉大学の「タイ・オンライン留学プログラム」を全学対象として二〇二一年八〜九月に二回、二〇二二年二月に一回、二〇二二年八〜九月に二回の合計五回実施し、また千葉大学薬学部対象のオンライン留学プログラムとして二〇二二年二月に一回実施したことである。[20]

まとめと今後の展望

本章では、上智大学創立一〇〇周年を記念して形成されたグローバル教育のコンセプトであったＳＩＥＤが外国語学部におかれたグローバル教育センターから全学組織化されたグローバル教育センターへ引き継がれた軌跡を辿り、その時々のグローバル教育の在り方についての検討を試みた。そしてそのＳＩＥＤが、タイのバンコクを拠点とする上智大学ＡＳＥＡＮハブセンターを経て、会社法人化されたSophia GEDへと発展的に継承されていることをSophia GEDの主事業である実践型スタディツアー、オンライン留学プログラムや高校生向けの探究学習プログラムにおいて確認してきた。ＳＩＥＤとSophia GEDという名称に含まれる「Discovery（発見）」は、それぞれのプログラムで強調されている問題発見力や課題解決力の醸成を通し、上智型のグローバル人材像である、国際貢献意識の高い次世代の人材育成に繋がる上智大学のグローバル教育コンセプトの核心である。大学創立一〇〇周年を契機に形成されたＳＩＥＤは、その時々の国際環境の変遷に伴って、また日本の東京四谷キャンパスをベースとするグローバル教育センターに加えてタイのバンコクを拠点とするSophia GEDによるグローバルな学びの場の創出という空間の拡がりを伴って、発展的に展開されてきた。ＳＧＵ事業は二〇二三年度末をもって終了する見込みであるが、それ以降は、上智大学としても、Sophia GEDの機動力や展開力を活かしつつ、陸の東南アジアと呼ばれている大陸部（主にメコン地域）に加えて、海の東南アジアと呼ばれているインドネシアやフィリピン等における海外拠点活動を展開していくことが課題である。

そのためには、二〇二〇年四月より顕在化したコロナ禍による海外渡航制限が撤廃されることが前提条件であるが、コロナ禍の終息が完全に見通せない状況において、グローバル教育センター及びSophia GED事業のオンライン化を維持しつつ、実践型スタディツアーやインターンシップ等のプログラムでは可能な限り海外渡航を伴う対面化を図っていくこと、またそのようなプログラムにおいても講義部分についてはオンライン実施を継続する等のオンラインとオフライン（対面）を組み合わせるといった、いわゆるハイブリッド化を図っていくことも課題となろう。さらに、グローバル教育センターが実施する留学及び実践型プログラムによる学習効果、とりわけ上智型のグローバル人材としての資質がいかに醸成されているかの評価については、一定の活動が実施されてきた。しかし、Sophia GEDが企画・実施するプログラムに関しては、高校生向けの「せかい探究部」活動等、学習効果の評価・検証は今後の課題である。

また二〇二二年度から、前述の教養教育のカリキュラム体系をより強化するため基盤教育センターが発足した（上智大学 二〇二二）。これによって、グローバル教育センターは、基盤教育センターとの連携を図りつつ、グローバル教養教育の一翼を担うこと、またコロナ禍後におけるグローバル教育の在り方を検討し、グローバル教育に相応しい長期・短期の留学や研修プログラムの企画と実施を担う全学組織として、その役割を果たしていくことが期待されている。翻って、Sophia GEDは、実践型スタディツアーと長期・短期のインターンシップについてはグローバル教育センターと、主として「せかい探究部」活動を通した上智大学の高大接続教育については基盤教育センターとの連携を強化しつつ、事業を継続していくことが期待される。最後に、Sophia GEDは、グローバル教育センターと基盤教育センターとの連携強化や将来的に東南アジア全域における事業展開を視野に入れた持続可能な会社運営・人員体制の構築がより大きな課題と位置づけられる必要があることを強調して、本章の結びとしたい。

[注]

（1）上智大学ウェブサイト「グローバル教育・留学」https://www.sophia.ac.jp/jpn/academics/global-education/（閲覧日：二〇二二年四月一〇日）

（2）（1）と同じ

（3）（1）と同じ

（4）文部科学省『二十一世紀COEプログラムの概要』日本学術振興会、二〇〇八年

（5）（1）と同じ

（6）上智大学「経済社会の発展を牽引するグローバル人材育成支援」『グローバル人材育成推進事業 平成二四年取り組み概要 タイプB』日本学術振興会、二〇一二年

（7）上智大学「多層的ハブ機能を有するグローバル・キャンパスの創成と支援ガバナンスの確立構想調書【タイプB】」『平成二六年度スーパーグローバル大学創成支援』日本学術振興会、二〇一四年

（8）上智大学「多様性の調和を目指す学融合型の人間開発教育プログラム 事業構想調書」『大学の世界展開力強化事業――海外との戦略的高等教育連携支援――AIMS』日本学術振興会、二〇一三年

（9）上智大学「人の移動と共生における調和と人間の尊厳を追求する課題解決型の教育交流プロ

グラム 計画調書」『中南米等との大学間交流形成支援』日本学術振興会、二〇一五年

(10) 上智大学「人間の安全保障と多文化共生に係る課題発見型国際協働オンライン学習プログラムの開発 計画調書」『ＣＯＩＬ型教育を活用した米国等との大学間交流形成支援』日本学術振興会、二〇一八年

(11)（6）と同じ

(12) 上智大学グローバル教育センター『国際シンポジウム 上智大学におけるグローバル教育 ソフィア・イニシアティブ（ＳＩＥＤ）の現状と展開』（リーフレット）二〇一七年二月二一日

(13) 東洋経済オンライン「日本の教育機関初、上智がタイに会社設立――「東南アジアのハブ」バンコクで事業を開始（二〇一九年六月三日）」https://toyokeizai.net/articles/-/280365（閲覧日：二〇二二年四月一〇日）

(14) Sophia GED ウェブサイト https://jp.sophia-ged.com/（閲覧日：二〇二二年四月一〇日）

(15)（14）と同じ

(16)（14）と同じ

(17) 文藝春秋 digital「パンデミックの時代にどう学ぶ?上智大学の新・グローバル学習（二〇二一年四月九日）」https://bungeishunju.com/n/n98b575ea944f?magazine_key=m9004adde5d7（閲覧日：二〇二二年四月一〇日）

（18）東洋経済オンライン「国際公務員に「確固たる動機」が必要な理由――「厳しい競争とタフな現場」に克つ上智の理念（二〇二〇年九月一〇日）」https://toyokeizai.net/articles/-/372488（閲覧日：二〇二二年四月一〇日）
（19）上智大学国際協力人材育成センター ウェブサイト https://dept.sophia.ac.jp/is/shric/（閲覧日：二〇二二年四月一〇日）
（20）（14）と同じ

■主な参考文献

上智大学「上智大学グローバル教育 一〇〇年目の決意」二〇一三年
上智大学『上智大学 大学案内二〇二〇』上智大学、二〇二〇年
上智大学『上智大学 SOPHIA UNIVERSITY GUIDEBOOK 2022』上智大学、二〇二一年
上智大学総務局経営企画グループ・上智ASEANハブセンター「ASEANハブセンター会社法人設立 事業計画書 グローバル・キャンパス創成へ向けた海外拠点の戦略的展開」『教職協働・職員協働イノベーション研究』二〇一八年
東洋経済新報社『動き出した上智大学の今――"国際派大学"から真のグローバルへ（東洋経済

ACADEMIC 大学総力特集 Sophia University）』東洋経済新報社、二〇一三年
東洋経済新報社「上智大学―― "小さな総合大学" だからできる大胆なグローバル戦略」『本当に強い大学二〇一五（週刊東洋経済臨時増刊）』東洋経済新報社、二〇一五年
廣里恭史「課題設定：上智大学によるグローバル教育の構造と射程（パネルⅡ：上智大学のグローバル教育、ＳＩＥＤ）」国際シンポジウム『上智大学におけるグローバル教育　ソフィア・イニシアティブ（ＳＩＥＤ）の現状と展望』二〇一七年二月二二日
Sophia GED（新江梨佳）編『せかい探究部　一期生　論文集』Sophia GED、二〇二一年
Sophia GED（新江梨佳）編『せかい探究部　二期生　論文集』Sophia GED、二〇二二年

第四章　グローバルな学びへの挑戦
――オンライン国際協働学習（ＣＯＩＬ）

小松　太郎

はじめに

大学生がグローバルな学びを体験する機会を増やす試みとして、オンライン国際協働学習（Collaborative Online International Learning, 以下、ＣＯＩＬ）と呼ばれる学びの形態がある。異なる国の大学で提供されている科目の受講生同士がオンラインでつながり、担当教員の指導を得つつ、協働作業を通じて特定課題について学びを深める、というのが基本的な形である。ＣＯＩＬ概念を生んだ米国では、経済面で留学が困難な学生にグローバル教育を提供する側面が強い（Rubin 2017）。他方、日本で政府が補助金事業としてその導入を後押ししてきた背景には、米国の大学との関係を深め、学生の留学意欲を喚起する狙いがあった。二〇二〇年から始まった新型コロナ感染症の拡大はＣＯＩＬ実践を拡充させたが、その形態や意味は当初とは異なる形で進化したと考える。本章では、留学とは異なるグローバルな学びを提供するＣＯＩＬの可能性について、筆者の実施体験を基に論じる。設立以来、常に新たなグローバル教育を追求してきた上智大学グローバル教育センターの役割について、何らかの示唆を提供できればと考える。なお、本章は、筆者が先行して執筆した英語論文 Collaborative Online International Learning (COIL) During the Pandemic: The Momentum for Developing Global Competency through Equitable, Partnership-based Intercultural Learning（仮題）を加筆修正したものである。

本章の構成は以下の通りである。まず、ＣＯＩＬの概要について、説明する。つぎに、高等教育における国際教育の流れの中で、ＣＯＩＬの位置づけを確認する。その後に、筆者が取り組んだＣＯＩＬ実践について紹介し、その実践の効果と教訓を、海外留学との比較と合わせて論じる。最後に、本章の結論とＣＯＩＬの今後の展望について述べる。

ＣＯＩＬ（オンライン国際協働学習）とは

ＣＯＩＬは米国ニューヨーク州立大学（State University of New York, 以下、ＳＵＮＹ）が命名し、その概念を発展させてきた国際教育の形態である。その名称通り、オンライン技術を生かしたグローバルな学びである。ＳＵＮＹは、ジョン・ルービン博士が中心となって二〇〇六年にＣＯＩＬセンターを設立し、その発展を先導してきた。以来、ルービン博士はコンサルタントとして世界各地の大学でＣＯＩＬの導入を支援している。実際、グローバル教育センターも二〇二〇年末に博士を迎えてオンライン講演会を開催している。ＣＯＩＬセンターのホームページによると、米国におけるＣＯＩＬの導入の背景には、資金面で海外留学が叶わない大学生にグローバルな学びの体験を提供することが第一義的な理由として説明されている。確かに、オンライン学習の大きなメリットは、物理的な移動を伴わずに海外の大学とつなぎ、外国の学生と交流することができることにある。他の理由としては、ソーシャル・ネットワーク・サービス（ＳＮＳ）やオンラインツールの普及によって学習や交流方法に選択肢が増えたことに加え、テロなどが多発したことにより海外渡航に伴う危険性への意識が増したことなどが挙げられている（Rubin 2017）。

ＣＯＩＬは、「協働学習」に特徴づけられる。オンラインで海外とつなぐ授業については、筆者もＣＯＩＬ概念に触れる前から、担当ゼミで実施していた。米国のジョージワシントン大学とスカイプでつないだ際には、先方の授業が招聘したゲストスピーカーの講演を聞き、その後に先方の授業の学生、次いで上智大学の学生がゲストスピーカーに質問をする、という形を

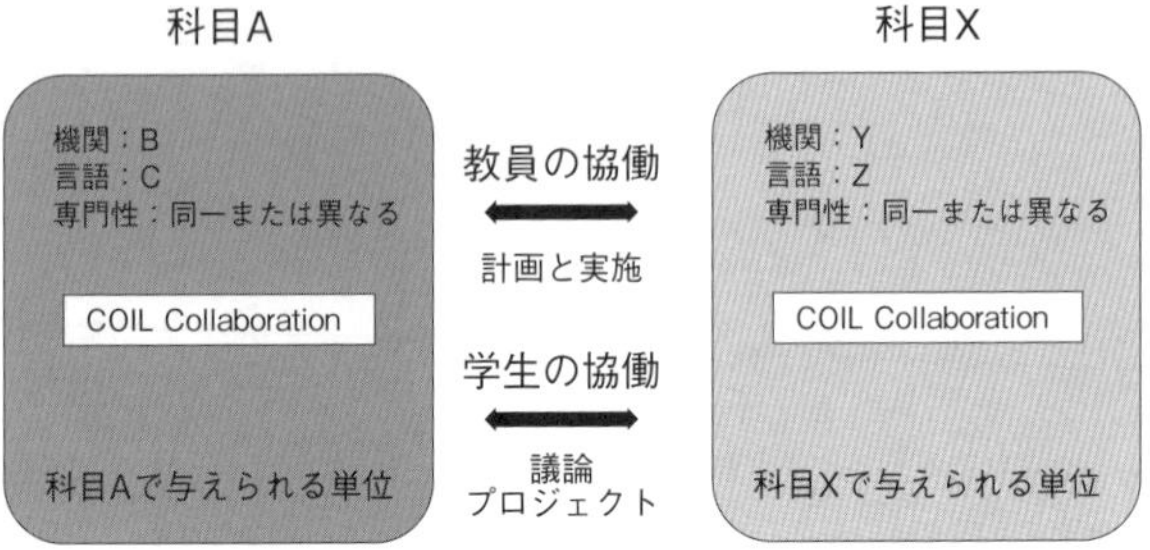

図1　COIL型授業の概念図
注）ニューヨーク州立大学COILセンター作成図（https://coil.suny.edu）より

採った。別の機会では、ミャンマーでイエズス会が支援する少数民族系の若者が通うタイ北部の学校St. Aloysius Gonzaga (SAG) Institute of Higher Studiesとゼミをつないだ。そこでは、相互にお互いの教育制度や学ぶ目的などについて質問し交流した。これらは主に交流が目的であり、学生が主体的にパートナー校の学生と協働する、という性質のものではない。一方で、ＳＵＮＹのＣＯＩＬセンターが想定する学びの形態は、それぞれの大学の科目での学びの一環としてＣＯＩＬを位置づけ、両科目の担当教員が綿密に連携し準備することを想定している。学生の成績評価は各大学の担当教員が行い、単位付与の対象となる。これらからしても、ＣＯＩＬは一過性の交流にとどまらない、国境を越えた教員同士、学生同士の協働を目的とした野心的な取り組みといえよう。**図1**がＣＯＩＬの概念図である。

筆者は、文科省の補助金事業をきっかけに、二〇一八年度から数回、米国カリフォルニア州に位置するロヨラ・マリーモント大学（LMU）とつなぎ、COILを実施した。これまでのオンラインでの海外大学との連携授業では、筆者が研究や教育活動等を通じて知り合った教員や機関と協力して実現させたが、今回は、事業が連携校を指定していたこともあり、上智大学を訪れていたLMU教員にパートナー教員の紹介を依頼し、「教育と公共善」を教える教員とCOILを実現させるに至った。二〇一八年度と二〇一九年度は、Facebookを使用しての「オフライン交流」となった。この理由としては、時差が大きく、先方の授業時間に合わせる場合、上智大生は早朝に大学に来る必要があったこと、英語での同期型交流は教育学科生にはハードルが高いと判断したこと、などがある。COILは「オンライン」がその名称に含まれているが、「インターネットを使用した協働学習」の中には、非同期型の交流も含まれるであろう。

LMUとのCOILでは、様々な生活の困難を抱える子どもたちの教育アクセスをテーマに、エチオピアで教育支援事業を展開しているNGO職員の話を収録したビデオを両大学の学生が視聴し、その内容について、Facebook上で幾つかのテーマに沿って意見交換を行った。その際、両大学の教員は、パートナー校の学生の意見に対してフィードバックを行った。二〇二〇年からは同期型COILを行っており、**図2**の概念図はその一例である。

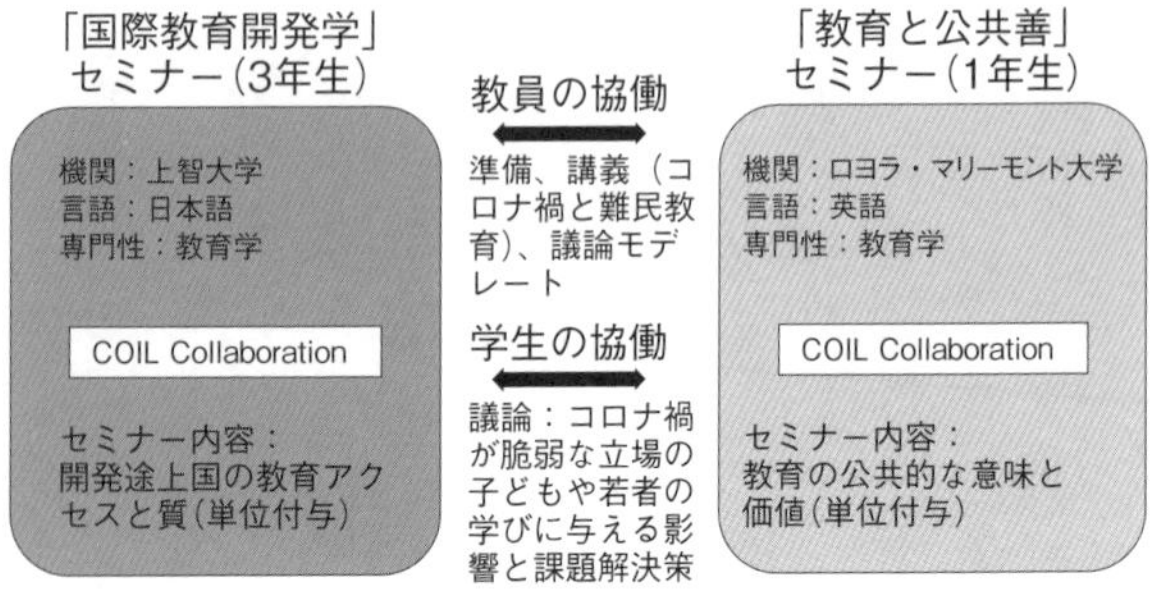

図2　LMUとのCOIL型授業の概念図

国際教育・グローバル教育の中でのCOIL

上智大学でCOILという名称を使用してオンラインで海外の大学とつないで学ぶ授業が積極的に進んだ契機となったのは、二〇一八年度に採択された文部科学省補助事業「大学の世界展開力強化事業――COIL型教育を活用した米国等との大学間交流形成支援――」である。世界展開力事業は「日本人学生の海外留学と外国人学生の受入れを行う国際教育連携の取組を支援する」ものであり、COILも基本的には学生のモビリティを促進するツールとして位置づけられている。以前から文科省は国内大学の世界的競争力の低下を危惧し、生産的な労働力としての「グローバル人材」の育成を図る政策を採用してきた（「スーパーグローバル大学創生支援」等）。このような政策の背景には、国内の若者が「内向き」になっているという認識もある。実際、上智大学では大学間留学協定の数は年々増えているが、大学の各種海外派遣プログラムを利用する学生の数は、パンデミック以前の数年前から頭打ちになっている。スタディツアーなどの短期のものや一般留学も含め、単位取得を伴う学びを得る目的で留学する学生は全学生のうちの一割程度とされる（大学の海外渡航保険加入者数から計算）。

海外留学に挑戦しない理由は、単に関心がない、ということだけではない。米国でＣＯＩＬが始まった理由と同じく、経済的な問題がある。政府の補助金などを活用して奨学金制度は充実してきたが、そのような制度があることを知らない学生も多い。交換留学の場合は学費を所属校に納めるだけで良い、ということを理解していない学生も一定数いるようである。一方で、その学費を納めること自体が困難であり、日々のバイトでやり繰りしている学生もいる。海外に出れば、そういった収入獲得の機会を失うことを恐れている可能性もある。他の理由としては、就職活動に関連しているものがある。所属学部・学科のカリキュラム構造上、一年間の長期留学を経験する場合、四年間で卒業することが困難となる場合は留学を躊躇うであろう。実際、筆者が所属する教育学科では三年生から毎学期連続したゼミを履修する必要があり、これが留学を躊躇わせていたのは想像に難くない。数年前からクォーター制度を活用してゼミ開講時期を調整し、二年生からでも三年生からでも長期留学して四年間で卒業できる体制を整えたばかりである。大学のカリキュラムに加えて、国内では就職活動が三年生から実質始まることも、大学制度を活用した海外の学びが十分に活用されていない理由の一つである。他には、外国語運用能力への不安、海外は安全ではないという認識、過保護な親、などが挙げられている（小林 二〇一一および太田 二〇一四）。

グローバルな学びにまつわるこのような状況をさらに悪化させたのが、二〇二〇年から始まった新型コロナ感染症の拡大である。大学の方針で全ての海外派遣プログラムが中止になり、渡航中の学生も帰国せざるを得なかった。二〇二〇年度に交換留学派遣が決まっていた学生は、二〇二一年度の交換留学制度に再度申し込むことが許されたが、二一年度も派遣が中止になり、在学中の留学を断念した学生も多くいた。

一方で、コロナ禍がCOILの導入を促進したのも間違いない。上智大学では、国内の他大学同様に、二〇二〇年の半ばにはほとんどの授業がオンラインで開講された。教員は否が応でもオンラインツールの使用法を学び、授業を工夫せざるを得なかったのである。一方通行の講義の場合は、Ｚｏｏｍなどのツールの基本操作を覚えれば問題なく授業を届けることはできたはずだが、学生と教員間、学生同士の双方向性がある授業の場合は、ブレークアウト・ルームやチャット機能等を使用する必要があり、教員は試行錯誤を重ねた。海外の大学でも同じことが起きており、Ｚｏｏｍは共通して授業に使用されるプラットフォームとなった。このことが、ＣＯＩＬの導入を促進したのである。実際、上智大学のＣＯＩＬ支援担当事務によれば、二〇一八年度にＣＯＩＬを実施したのはわずか六科目であったが、コロナ禍が始まった二〇二〇年度は三七科目、そして、二〇二一年度は六〇科目まで増えている（担当教員による報告ベース）。コロナ禍がその実施の契機となったのは間違いないが、ＣＯＩＬはポストコロナ時代においても、これまで様々な理由で留学を断念してきた学生に、グローバルな学びを提供しうる。

ＣＯＩＬ実践

次に、筆者が二〇二一年の春に実施した三つのＣＯＩＬプログラムについて説明する。特徴として、どれもが開発途上国の大学をパートナーとしたこと、全ての参加学生にとって、コミュニケーション言語である英語は母語ではなかったこと、学生が主体的に協働しリサーチを行ったこと、の三点が挙げられる。これら三つの点を切り口に、ＣＯＩＬ実践の内容とそこから得られた気づきや教訓を共有したい。ここでは、まず実践の内容について説明する。

本章で紹介するＣＯＩＬには、筆者のゼミ「国際教育開発学演習」を受講する学部三年生と四年生が参加した。本ゼミは、開発途上国の教育問題を議論し、その解決策を考えるのが内容となっている。二〇二一年度は三年生が五名、四年生が一二名の受講生がいたが、このうち、議論を支障なく行うレベルの英語運用能力がある学生は、筆者が知る限り、三名程度である。一定期間にわたる異文化体験を持つ学生も多数派ではない。本ゼミの性質上、COILのパートナー大学は開発途上国から選ぶこと、そしてCOILのトピックは教育であることを当初から想定していた。全てのオンラインセッションには、Zoomを用いた。初回のセッションでCOILプログラムの目的の確認、担当教員による講義、その後に両大学の学生が混在する小グループに分かれて自己紹介と講義に関する意見交換、およびその後の協働作業の工程や連絡方法を話し合う、というのが典型的な流れである。学生は、その後一か月程度の期間協働し、その成果を最後の全体セッションで発表した。以下にそれぞれのプログラムの概要を述べる。

一つ目のプログラムはタイ北部に位置するチェンマイ大学と実施した。チェンマイ大学は上智大学と大学間連携協定があり、筆者も訪れたことが数回あったため、COILの相談をしやすかった。実際、先方のCOILカウンターパート教員とは、以前からタイ北部の実地で両大学の学生が協働リサーチを行う可能性を協議しており、そのことも、COIL実施の合意を得やすかった理由といえる。チェンマイ大学は、この時期に複数の社会科学系学部の学生がフィールド・リサーチを行うプログラムを立ち上げていた。そのプログラムに上智生が加わるという形を採った。筆者も両大学の学生に向けた講義を行い、学生の協働リサーチをサポートした。トピックは、「コロナ禍での脆弱層の人々の教育アクセス」である。学生たちは、それぞれのグループで研究課題を設定したうえで、チェンマイ大学の学生は現地調査を行い、上智生は主に先行研究レビューを担当していた。その後、それぞれの作業の成果を持ち寄り、議論し、最後の合同セッションで研究成果を発表した。チェンマイ大学のＣＯＩＬ参加者で上智生と協働した学生はミャンマー出身であり、英語で実施されているリベラルアーツ系学科で学んでいたため、英語でのコミュニケーションに支障はない。なお、上智大学の学生一名もミャンマー出身であった。タイと日本の大学間のＣＯＩＬではあったが、多様性を有する大学間の交流を象徴していたといえる。

二つ目の事例は、南東欧の国ボスニア・ヘルツェゴビナ（以下、ボスニア）の首都に位置するサラエボ大学とのＣＯＩＬである。サラエボ大学も上智大学と連携協定を数年前に締結している。この大学も、筆者は頻繁に訪れたことがあり、カウンターパートの教員とは懇意にしていたため、時間は十分ではなかったが準備は円滑に進んだ。この地の多くの若者同様、サラエボ大学の学生は英語運用能力が高い。ボスニアは一九九〇年代に旧ユーゴスラビア国が解体する過程で凄惨な民族間紛争が起きた場所である。先方は教職を目指す学生が多く在籍する科目で、異文化間教育の実践を扱っている。トピックは「教育と平和」とした。参加学生は小グループに分かれて、それぞれの国の平和教育実践の課題について自身の学習体験を交えながら意見交換を行った。

三つ目のＣＯＩＬは、南東欧バルカン半島諸国の若者が参加する対日理解促進交流プログラム「ＭＩＲＡＩ」（外務省招聘事業）との協働により実現したものである。こちらはパートナー大学がある訳ではなく、外務省とその委託を受けた日本国際協力センター（ＪＩＣＥ）、そしてアルバニアに拠点がある西バルカン地域青年協力機構（ＲＹＣＯ）が運営上のパートナーである。このＭＩＲＡＩプログラムは、西バルカン諸国間の相互理解を促し、ユーゴスラビア解体後の地域の平和構築を目指している。毎年二〇名程度の若者が来日し、その際に上智大学を訪問して筆者が企画運営する上智生との合同ワークショップに参加していた。プログラム参加生は、千人近くの応募者から選ばれていることもあり、みな意欲が高く、積極的である。二〇二一年度は、コロナ禍の影響で、急遽オンラインになった。トピックは、「持続可能な平和と教育」である。参加学生は小グループでオンライン・ミーティングを重ね、他のプログラム同様に、最後の合同セッションではグループごとに設定した研究課題について発表し、他の参加生や筆者からフィードバックを得た。

前述した通り、これら三つの事例のパートナー国は、全て開発途上国である。上智生は、これらの国々に住む同世代の若者と直接対話を重ねることで、最低限の教育の質が保証されていない、教育が紛争の影響を受けている、などの課題をより身近に感じることができたようである。米国や中国といった大国については日頃からメディアなどを通じて知る機会は多いし、学内にもこれらの国々からの留学生が大勢学んでいるので身近に感じやすい。一方で、周辺化されやすい国々や人々のことを知り、関心を持ち続け、自身にできることを考える、ということも大事である。筆者のゼミには元々こういった志向の学生が多いのだが、必ずしも皆が途上国に行くわけではなく、これらの国々の教育に関する現実を、よりリアリティを持って知ることもなく卒業していく学生も多い。「グローバル人材」は「グローバル企業で活躍する人」と捉えられる向きがあるが、これとはまた異なるグローバル市民性を身に付けた若者を育成することにも意味がある。

ここで改めて強調したい点として、ＣＯＩＬは途上国の若者との直接対話を促進しうる、ということがある。途上国への渡航については、経済的な理由以外に、情報不足や治安への懸念を持つ学生が多い。実際は、メディアのやや誇張された映像などから受ける印象に影響を受けていることが多いのだが、数日間の滞在さえ躊躇う学生がいる。近年は欧米先進国でもテロなどが発生し、そのことが「日本にいれば安全・安心」という感覚をより強く持たせている。Ｃ

ＯＩＬは経済面や安全面での懸念といった障壁を克服することができる。もちろん、現場に足を踏み入れて得られる情報の量には及ばないが、それでも、現地の若者と密な対話を行えるCOILは、グローバルな学びを得るための貴重な選択肢となりうる。

本節の最後に、COILの計画・実践を円滑に行う際に有用だった作業を、実体験を踏まえて一つ共有したい。それは、コンセプトノートの作成と共有である。前述のLMU、およびチェンマイ大学とサラエボ大学それぞれとのCOILについては、パートナー大学の教員が協力して一から発案し実施することになっていたため、COILの意義や内容について教員間で考えを丁寧にすり合わせる必要があった。それぞれの教員の授業方法は、所属社会や大学、自身の教育観や規範に影響を受けている。そのすり合わせがないとCOILが中途半端な形で実施されてしまう可能性がある。コンセプトノートは筆者が作成し、二枚程度でCOILを実施する目的、期待される成果、具体的な内容、参加者などを記載し、カウンターパート教員のフィードバックを反映させて完成させた。完成版は、双方の学生全員にも共有し、全ての参加者が目的意識を共有してCOILに臨んだ。異組織・異文化間の協働ではこのように紙面にして必要事項を確認するのが、双方が期待する成果を生むうえで効果的である。

実践の効果と教訓

本節では、チェンマイ大学、サラエボ大学およびＭＩＲＡＩ参加者とのオンライン交流・協働学習によって示唆されたＣＯＩＬ実践の効果と教訓を述べる。特に、オンラインツールを使用することのメリット、オンライン協働学習の特徴、そしてＣＯＩＬによって獲得しうる能力について説明する。記述にあたっては、参加した上智生の振り返り（感想）を参考にした。上智生は、各ＣＯＩＬプログラム終了後に、自身で体験したことや考えたことを自由に振り返り、グーグル共有ドライブ上に記録した。全ての振り返りには筆者がフィードバックを行い、個々の学生の振り返りと共に全員が閲覧できるようにした。こうすることで、参加学生の学びの深化を図ると同時に、筆者もＣＯＩＬの効用や課題について確認することができた。

まず、オンラインツールを使用することの明白なメリットは、場所や時間の制限が緩和されるという点である。コロナ禍で大学の多くの授業がオンラインとなったため、学生は自宅のネット環境を整え、それが難しい学生には大学がモバイルＷｉＦｉやＰＣを貸与した。また、コロナ禍対応の一環で、大学がキャンパスのＷｉＦｉ環境を積極的に整備し、キャンパス内のネット接続の利便性・安定性は格段に向上した。そのため自宅でのリモート学習環境に不安がある学生は、キャンパスでもオンライン授業を受けることができた。このように学習環境が整う中で、学生は通学時間やバイトの行き帰りの時間にとらわれずに、そして海外という物理的な距離の制約に影響を受けることなく、学生同士の打ち合わせやディスカッションの時間を設定することができたのである。全体セッションの時間についても、教室確保の必要性がないためにゼミの時間割に限定されず設定できた。また、他の授業の時間と重なり参加できない学生は、録画したセッションを後日視聴した。このような柔軟性があるのもオンライン学習の特徴である。

国際交流・協働学習をオンラインで実施する際の、ツール的見地からのメリットとして強調したいのは、英語の非ネイティブ者でかつ異文化交流の体験が浅い学生に特に有効であるという点である。このような学生にとって、通常の対面での異文化交流は多くのハンディがある。まず、相手の発話を聞き取ることが困難である。話者との距離があり、環境音（他人の声、自動車、動物、雨風、その他の物音）があると、ただでさえ難しい聞き取りが一層困難になる。この点、オンラインでは話者の声はマイクが拾い、聞き手は手元で音量調節ができるので、声は比較的明瞭に届く。ある学生によれば、海外の学生と対面でグループ・ディスカッションを行う場合、複数が同時に喋ることがあり理解が難しいが、オンライン交流の場合は一人ひとりが話すため聞き取りやすい、とのことだった。話し手も、オンラインの場合はより明瞭に発話するようである。ボディランゲージの使用が制限されるのを補うために、より明確に発話する意識が働くのかもしれない。また、モニターで発話者の顔を大きく見ることができるので、口の動きが良く見えて聞き取りやすい、という学生の声もあった。

逆に日本人学生が英語で発話する際にも、聞き手にメリットがあるようである。一般的に、日本人は声量が小さい。言語に頼らずにコミュニケーションを行う「高文脈文化」のためかもしれない。そのため、より声量が大きい文化圏の人間には日本人の発話が聞き取れない、ということが起こる。英語のアクセントや発音以前に、声量が異文化コミュニケーションの際に問題となる。これについても、オンライン交流の場合は、それぞれの参加者が手元でツールを操作することで一定程度この問題の克服が可能となる。これらは技術面での些細なことかもしれないが、異文化交流でのストレスを相当程度軽減しているのではないかと考える。さらに、オンラインの場合は自然にお互いの発話に集中するので、自分の発言をつたない英語でも最後まで皆が聞いてくれた、と書いた学生もいた。

Ｚｏｏｍのようなオンラインプラットフォームを使用する場合、他にも異文化コミュニケーションを円滑にさせる各種の機能がある。学生はグループで意見交換を行った際に、スライドショーやチャット機能を効果的に使用していた。ある学生は、自身の意見を的確に伝えるために発言中にスライドを共有したり、意味が分からない言葉や表現が出てきた際にはチャットで尋ねたりした。「SNS世代」にとっては、音声以外のコミュニケーションはごく日常的なものであり、オンライン交流は多様なコミュニケーションの取り方を可能にする。特に英語については、一般的に発話よりも読み書きが得意な日本人学生にとっては、これらのツールは便利だったようである。また、Zoomにはチャットの記録を残す機能があり、ミーティングの記録をチャットで全員が閲覧できる形で担当学生が書き込み、それを残してメンバーが後日確認できるようにする、という使い方がされていた。その他にも、グーグルドキュメントやスライド、シート、さらにパドレット（オンライン掲示板の一つ）などを活用して非同期の協働作業を行ったり、SNSを使用して連絡を取り合ったりしていた。

次に、COILにおける協働学習の特徴を述べる。この学びの特徴として、十分な時間をかけて交流や協働作業の事前準備ができる、という点が挙げられる。各COILプログラムの実施時には、上智生にはあらかじめCOILのトピックや、最初のセッションで話し合う内容を事前に伝え、自らの意見を英語で表現できるように準備させた。また、相手国の人々のコミュニケーションスタイルなども伝えていた。一方で、あまり先入観を持ちすぎると、実際の交流が事前知識や準備したことと異なっている場合に戸惑ってしまう。そのため、学生には臨機応変に状況に対応する必要性も伝えていた。均一性のある文化では、予定調和的に物事が進むことも多いが、異文化コミュニケーションにおいては、往々にして予想が付かない展開になることがある。そういったことを理解するのも学びである。

もう一点、興味深いオンライン協働学習の特徴として、パートナー大学の学生と上智生の間には、「多数派・少数派」の関係性が存在しない。通常の海外留学であれば、学生は教室の中で少数派として自分を意識する。加えて母国語ではない言葉で多数派の前で発言するには勇気がいるだろう。ＣＯＩＬの場合、どちらかの国に留学しているという感覚はなく、語学力などの差異はあるものの、比較的平等な立場でディスカッションに参加できる。実際に、多くの上智参加生が、「相手が辛抱強く自分の意見を聞いてくれた」「あまり臆さずに発言できた」ということを書いていた。もちろん、学生たちはそれでもプレッシャーはあったことを認めているが、彼らの感想からは、前述のオンラインツールを活用しつつ、心理的にも前向きに多文化環境での協働作業に取り組んだことが読み取れた。

加えて、参加学生は、オンラインを活用した海外の学生との新しい協働学習の可能性を見出していた。この気づきを得たのは、タイのチェンマイ大学とのＣＯＩＬ実施時である。ここでは、上智生とチェンマイ大学の学生が役割分担をし、上智生はリサーチトピックに関する先行研究の確認、チェンマイ大学の学生は現地でデータを収集していた。前述したが、チェンマイ大学とは、北タイ地域で学生の合同フィールドワークを行う計画があった。また、三年前には、隣国ミャンマーにおいて、現地の大学生と筆者のゼミ生が一緒にフィールドワークを行ったことがある。しかし、コロナ禍でこのような現地での協働作業は不可能となった。これを受けて、今回はオンラインでの協働となったのだが、上智参加生の中には、「必ずしも自分が毎回現地に行くということでなくても、現地の人と協働でリサーチができることが分かった」と述べる学生がいた。これは今後の国際協力や国際共同研究のあり方を示唆するものであるかもしれず、このような気づきを得たのは貴重な経験だったはずである。

最後に、コロナ禍において海外学生とつながることとの意義について述べる。大学がオンライン授業となり（その多くが講義型）、外出もしにくい状況で、社会とのつながりが途絶えていた時期に、学生は自宅から海外の同世代の若者とつながり、協働する機会を得た。そして、彼らとの多くの対話を通じて、学生はどの国でも同じような体験や思い、葛藤を抱えていることを理解した。ボスニアのサラエボ大学とのＣＯＩＬでは、学生同士でお互いの夢を共有する時間があったが、上智生の中には、自身の周りの学生ともこのような親密な話題を語り合うことはなかった、と打ち明ける学生もいた。南東欧というそれまで何の接点も持たなかった地域であるにもかかわらず、その地の若者と安心できる環境で対話できたこと、そして、コロナ禍という未曽有のグローバル非常事態が、国境を越えて共感し合える関係の構築につながったのではと考える。

これらを踏まえると、ＣＯＩＬはグローバル市民性を涵養する学びの形態であるといえる。ＯＥＣＤは、二一世紀型の力として「キーコンピテンシー」を掲げたが、それは㈠多様な環境で協働する力、㈡言語やテクノロジーを相互作用に運用する力、そして㈢能動的・自律的に行動する力、の三つから構成されるとした。ＣＯＩＬは海外の大学とオンラインでつなぐことで異文化環境を比較的容易に作ることができる。そして、そのような環境で学生が協働する機会を提供することが可能である。ＳＵＮＹが提案するような長期間にわたるＣＯＩＬは科目の計画時からその準備が必要だが、数回の交流であれば、既存の科目の枠組み内でも実施可能である。学びの深化を狙うのであれば、複数回の交流を計画したい。今回の事例のように、学生はオンラインでのダイナミックな協働作業を通じて、三つのコンピテンシーを獲得していく。英語を学ぶ意味はコミュニケーションのためである、という再認識にもつながり、その運用能力の向上にも意欲が高まる。

ところで、ＯＥＣＤが現在の社会で機能的・生産的に仕事をする能力を想定しているのに対し、国連機関のユネスコは、現状を変化させるためのグローバル市民性の涵養を唱えている。ユネスコによれば、グローバル市民性教育は、学習者が不平等や貧困といった課題が世界規模であることを理解させ、その解決のための創造性や革新性を育み、平和への関与への意欲を高めるもの、としている（UNESCO n.d.）。事例として紹介したＣＯＩＬプログラムは、開発途上国の若者と協働することで、日本の学生が世界で起きていることをより深く知り、自分事として感じ、不平等や貧困と関連する教育課題の解決策について考える機会を提供したといえる。同時に、国内の教育課題は他の国でも共有されていることを認識する機会ともなった。例えば、サラエボ大学とのＣＯＩＬでは、過去の戦争について学校で教えることの必要性や難しさを共有し、そのことが将来教員を目指すうえで励ましとなったとの学生の感想があった。

このように、ＣＯＩＬは新たな国際教育の形として、様々な可能性を有している。もちろん、安定的なオンライン環境は必須の条件である。この二年間で、Ｚｏｏｍがコミュニケーションを一層円滑にするための機能を拡張させたように、これからもオンラインツールは発達を続け、より豊かな学びの環境を整えていくはずである。オンラインでの学びは高等教育機関での学習体験の一部として、ポストコロナ時代にも残っていくであろうし、それに伴い、各学生の自宅でのオンライン環境もより一層整うはずである。

一方で、ＣＯＩＬが海外留学にとって代わるかというと、そうではないであろう。海外渡航については、コスト、リスク、そして最近は航空機が環境に負荷を掛けているという観点から、その持続性を問う声も大きくなっている。国内にとどまりながら海外との交流・協働ができるという点でＣＯＩＬは魅力に思えるが、現地で生活し学ぶ、という従来の海外留学でしか得られないことは多い。次に、ＣＯＩＬとの比較で改めて考えうる海外留学の特徴について考察を記したい。

海外留学との比較

海外に渡航し、その土地で一定期間暮らし学ぶことで得られる力として、まず挙げられるのは語学力の向上であろう。大学での学びだけでなく、教室外での友人との会話など、生活を営む中で現地語の運用能力を向上させることができる。一方で、現地で生活をすればかならず語学力が向上するものでもない。家に閉じこもる、日本人と群れるといった生活を送ると、現地に滞在しても決して語学力が伸びるものではない。本人の積極性が求められる。

他方、二つの点で、ＣＯＩＬでは得られ難い海外派遣プログラムのメリットがある。一つ目は、数日間のスタディツアーであっても、現地の人々の生活や文化について得られる情報量は

ＣＯＩＬに比べて格段に多いということがある。ＣＯＩＬでは、異文化の人々との真摯な対話を落ち着いた環境でできるし、プログラムの設計・内容によっては、異国の文化について理解する機会も得られる。上智大学では、コロナ禍の影響で幾つかのスタディツアーや海外研修プログラムがオンラインで実施された。少しでも現地の様子を理解できるように、現地に在住する関係者がビデオで中継したり、解説を行ったりしている。このようにライブ感を出して学生にその場にいる感覚を持ってもらう工夫はできる。しかしながら、これはプログラム運営者・教員が参加者に見てもらいたい範囲内での学びである。実際に現場に行くと、学生は五感をフルに使い、準備されたプログラムを超えて様々な情報に触れ、その意味を考えるであろう。

二つ目には、少数派として生活する体験を得られる、ということがある。先に、ＣＯＩＬは多数派・少数派という立場性がないフラットな交流の場であると述べた。その一方で、現実の多文化社会では、多数派と少数派の集団が存在する。日本は、少子化対策として海外移民を多く受け入れるようになった。二〇一五年からコロナ禍前の二〇一九年までの五年間で七〇万人以上増えており（出入国在留管理庁 二〇二〇）、労働者受け入れ数では、二〇一九年の段階で、ＯＥＣＤ諸国の中でカナダに次いで二番目に多い（OECD 2021）。日本人は多数派であるが、どれだけ少数派の人々のニーズや思いを理解し寄り添えるか、そして公平で包摂性のある社会を作れるか、というのは、日本人自身が少数派の体験を有しているか、ということに影響を受けるはずである。異国で困ったときに助けてもらった経験や不便に感じた経験は、日本に帰って多文化社会を構築する一員となる際に、貴重なものになるであろう。

結論と今後の展望

本章では、ＣＯＩＬの可能性について、海外留学との相違点も踏まえて論じた。ＣＯＩＬのメリットとして、オンラインツールを利用することによる柔軟性や利便性、そして特に異文化体験が浅い学生にとって参加しやすい環境を作ることができると述べた。「テクノロジーに支えられた学び」の有効性を示しているのもＣＯＩＬであり、技術の進化により、これからその可能性はより広がるであろう。また、担当教員のサポートを得ながら時間をかけて準備できること、フラットな関係性の中で、ディスカッションに臨めること、さらに、新しい国際協働・国際協力のあり方を検討する機会が得られること、なども今回の考察から得られたＣＯＩＬの可能性である。そして、参加学生はＣＯＩＬ参加を通じて、グローバル市民性に期待される能力を一定程度培ったと考えられる。

上智大学は今後、ＣＯＩＬをどう発展させていけるか。文科省補助金事業にも支えられてセミナーなどが開催されたこともあり、ＣＯＩＬの存在については、一定程度学内で浸透した感がある。前述した通り、実施件数も増えているのだが、その内容は海外の大学の教員のゲストレクチャーを導入するのみであったり、一回のみの交流であったりで、学生同士の協働作業まで組み込んでいるものは必ずしも多くない。ＣＯＩＬは、結局は担当教員の労力によって実現可能となる性質のものであり、この点が克服課題となる。より多くの学生にグローバルな学びの機会を提供できるのがＣＯＩＬなのだが、教員が外国語を使用し、海外大学の学生の学習に関与することも求められる。このことを考えると、日本の大学がＣＯＩＬを実施するうえでのハードルは必ずしも低くはない。

継続的にＣＯＩＬを実施し、改善していくためには、ＣＯＩＬを中核に据えた科目を幾つか設置するという選択肢がある。科目の準備段階からパートナー校と密に打ち合わせ、数週間にわたる協働作業を組み込む、というものである。労力の量を考えると、ＣＯＩＬ科目は一コマ分以上の教員ノルマとして扱っても良い。さらに踏み込めば、国境を越えた二つの大学の教育連携の新しい形として、双方の教員が、ＣＯＩＬに参加するお互いの学生の評価にも加わる、という可能性を検討しても良い。いずれにしても、ＣＯＩＬが科目の中核に位置づけられ、単位取得につながることで、学生のコミットメント度も高まるであろう。

上智大学の全学グローバル教育を担当するグローバル教育センターは、新しい国際教育に挑戦していく役割を担っている。センターは、所属学生の指導といった業務を伴う学部学科と異なり、授業の開発に比較的集中できる環境にある。有形無形の規範や伝統に縛られることもない。コロナ禍は惨禍であることは間違いないが、このような危機は新たな挑戦に臨む機会やモーメンタムを創出する。グローバル教育センターが大学のグローバル教育の中核として発展していくためにも、ＣＯＩＬの開発と支援に取り組んでいくことを期待したい。

■主な参考文献

太田浩「日本人学生の内向き志向に関する一考察――既存のデータによる国際志向性再考――」『留学交流』日本学生支援機構、二〇一四年、七月号、Vol. 14、三～一九頁

小林明「日本人学生の海外留学阻害要因と今後の対策」『留学交流』日本学生支援機構、二〇一一年、五月号、Vol. 2、三～一九頁

出入国在留管理庁『第一表　国籍・地域別在留外国人数の推移』
https://www.moj.go.jp/isa/content/930006222.pdf（閲覧日：二〇二二年一〇月二三日）

OECD. (2021). International migration outlook 2021. Paris: OECD Publishing.

Rubin, J. (2017). Embedding collaborative online international learning (COIL) at higher education

institutions. In Internationalization of Higher Education. DUZ Academic Publishers.
United Nations Educational, Scientific and Cultural Organization [UNESCO]. (n.d.). Global citizenship education. Retrieved August 21, 2021. https://en.unsco.org/themes/gced

第五章　エストニアへのスタディツアーからみる深いESDの実践と理論(1)

丸山　英樹

スタディツアーは生涯学習に

自分なりの生涯学習を見つけるきっかけの一つが、海外スタディツアーである。私たちが「良い経験になった」と思えるのは、自分の体験を振り返ることができるからである。仮に何かを失敗しても、それが自分にとって意味のあることだったと理解できれば、教訓となる。学校教育の最後の段階にある日本の大学は安全が確保される空間で、様々なことを経験した学生自らが学び続ける方法を修得できるならば、その後の生涯を豊かなものにするだろう。ただし、その豊かな生涯とは昔ながらのイメージで語ることは難しく、今やそうした「これまで通り」が通用しにくい社会であることから、自分にとっての豊かさを指すことになる。

本章で扱うスタディツアーには上智大生なら誰でも参加でき、「For Others, With Others」

を前提に生涯にわたる自己変容を想定して実施されるため、自分の経験を振り返る機会を重視する。主な渡航先がエストニアである理由は、同国が建国以来つねに自然と文化の保全に力を注いできて、今は教育およびICT立国となり、日本の若者に魅力的であることである。それに加えて、英語をペラペラと話すことが過度に重視されないグローバルなやり取りを体験してもらうためでもある。日本の産業界がいう「グローバル人材」は母語話者のように英語を流暢に話し問題解決を導き出す超人的な存在と誤解されがちであるが、言葉数が少なくても国を越えたやり取りは十分に可能であることを参加学生たちは身をもって知る。

今や広く共有される言葉となったサステイナビリティとは、自然の一部である私たちが豊かな自然を保全し、公平な経済と社会を構築し、あらゆる人のウェルビーイングを下支えすることを指す。「持続可能な開発」には世代間と世代内の公平性が重要で、それらに主体的に関わることが含まれる。エストニアは数多くの課題を抱えながらもサステイナブルであることを目指しており、参加学生たちは経験からそのことを直接学ぶ。

本章は、サステイナビリティの中で経験し、その知識を備え、持続可能な未来へ向けた行動へと移すため、自分たちの「これまで通り」を問い直す機会を提供するスタディツアーを扱う。これは二〇二一年一一月にUNESCOが持続可能な世界を構築するにあたり二〇五〇年の教育を想像し、何を継続させ、何を止めて、何を創造的に捉え直すか問うた課題意識（UNESCO 2021）と強く関連する。そこで、本章の前半では上智大学実践型プログラムのサステイナビリティをテーマにするエストニア等へのスタディツアーを振り返る。後半では、その背景となる理論と枠組みを紹介する。また、それらが上智大学における他の教育プログラムに影響する様子もわずかながら示す。さらに、上智大学の教育精神「For Others, With Others」の「Others」には人間以外の生態系も含意されることが示唆される。なお、本章では「Education for Sustainable Development：ＥＳＤ」を「持続可能な開発のための教育」を含めた「サステイナビリティ教育」として用いる。

「サステイナビリティ」スタディツアーの設定と発展

筆者は二〇〇八年から北欧の小国エストニアをＥＳＤ研究の対象とし、当初から欧州の中でも日本人ウケが見込まれる国だと直感していた。それは、エストニアの自然、言語、文化を存続・持続させるために共和国建国時から行政も市民も努力を続けていることが最大の理由であった。近年、同国は教育およびＩＣＴ立国を標榜し、実際にＩＣＴを用いた人的資源の確保および質の向上は政府の方針で、国際学力調査ではトップになり、それらに関心を持つ日本の学生にとっても魅力的になった。また、英語での交渉に不慣れな学生にとって英語母語話者との会話で圧倒されるより、良い聴き手であるエストニア人たちとの静かな対話が自身を深く見つめ直す機会を生み出す。かのひと達は、言葉も控えめに意見する。そうした少ない発話には重要なメッセージが含まれており、意思伝達として効率的で、時に効果的である。欧州へ行っても得るものは少ないという含意で訪問先をアフリカのエリトリアと間違う人もいたが、レベル四の渡航危険対象国を想定するのは学生の安全に対する配慮がない上に、いわゆる途上国の「物質的な欠乏」を通してでしか学びを得られないと考えるのであれば、現地との非対称性や本章で記す「深さ」を見逃している。

このツアーではエストニア以外の国にも訪問することがある。ただし、それらはUNESCO「バルト海」プロジェクト（the Baltic Sea Project：BSP）に参加している国々である。筆者が研究するBSPは、サステイナビリティ教育を四〇年以上にわたり実践してきた。東西冷戦時代に政治的イデオロギーを超えてバルト海の環境汚染を改善することを共通課題とし、理科教師たちがバルト海に面する九カ国で合同教育プログラムを開発してネットワーク化した教育実践である。今日、バルト海周辺の汚染は改善されたが、EU市民の教育とも合わせてサステイナビリティ教育を続けている。

表1　各年度の参加者、トピック、日程

年度	人数	参加者の所属学科	主たるトピック	日程（日数）
2016	5	総合グローバル学部(FGS)、院生	エストニアを知る（パイロット）	2017/3/7-3/15(9)
2017	6*	FGS、英語、ロシア語	湿地と持続可能性	2018/2/20-3/1(10)
2018	12	FGS、経済、経営、英語	グローバル・シティズンシップ	2018/9/11-22(12)
2019	6	FGS、法律、英語、イスパニア語	環境意識の向上	2019/8/22-9/2(12)
2020	中止	NA	NA	NA
2021	6	FGS、教育、英語、理工	サステイナブル大学（遠隔）	2021/10/5-22/1/19(14)

＊うち男子２名

表2　スタディツアー単位換算根拠

時間数	単位数	場所	担当	内容等
540分	0.8	上智大学	引率教員	事前講義（エストニア、湿地、サステイナビリティ）
2,880分	1.2	エストニア	現地リソースパーソンら	湿地の酸化度合いの検証、独立100周年記念事業、環境教育活動、湿地フィールドワーク

そうした背景をもとに、豊かな自然との調和に向けた人々の工夫および近隣の大国に影響されながらも自国アイデンティティを保持する姿に着目してツアーは展開される。これまでのうち二〇一六年度はパイロット実施として可能性と教育効果を確認した後、二〇一七年度から公式プログラムとなった（**表1**）。主たるトピックは異なる表現だが、通底するテーマは「サステイナビリティ」で、ツ

アーの正式名称は「エストニア・スタディツアー：持続可能な社会構築に向けた教育の可能性」である。二〇二〇年度はコロナ禍による渡航禁止という大学の方針に加えて、エストニア側でも安全な受け入れ体制が保障できなかったため中止となったが、二〇二一年度はオンラインで開催された。なお、ある年度の単位化にあたり**表2**のような計算をもとに参加学生の学習時間を確保している。

数ある上智大学の現地訪問型プログラムには渡航前に詳細な内容が定められているものもあるが、本ツアーでは基本的に参加者自身が研修内容を作る。これは、北欧諸国の教育実践からの示唆をもとに、教員から与えられた・用意された課題をこなすこととは真逆の手法で、本章後半で示すように「深いＥＳＤ」を目指すためである。参加者がお客様扱いされない点は、ツアーの募集説明会でも強調されている。

それでは、過去五回のスタディツアーの実践と試行錯誤をやや詳しく見ていこう。

〈二〇一六年度　パイロット：体験学習の可能性を探索〉

二〇一五年一〇月から上智大学グローバル教育センターへ勤務しはじめた筆者は、学生をエストニアへ連れて行くことを熱望していた。初めての企画でもあったため、通常業務の合間に一年ほどの準備期間を要した。長年にわたり研究協力をいただいているエストニア第二の都市に設置されているタルトゥ環境教育センター（Tartu Environmental Education Center：ＴＥＥＣ。エストニア語ではLoodusmaja（自然の空間・家））との調整をもとに、二〇一七年二月に「エストニアを知る」ツアーの開催に至った。訪問先は、首都タリンでは教育研究省と国際協力団体、タルトゥ市ではＴＥＥＣのほか、市長府やタルトゥ大学であった。参加学生による報告書はオンラインで公開されている(2)。

このパイロット段階では様々な確認と試行が行われた。エストニアへの飛行ルートはヘルシンキ経由が最短であることから、ヘルシンキでも一泊してフィールドワークの可能性も探った。しかし、そこでの物価は高く学生の負担も大きいため、比較的安価なエストニアに集中する結論を導き出すことになった。他にＴＥＥＣからの提案でホームステイ機会も確保したが、一部の参加者にはホストファミリーが見つからず、以後は断念するに至った。エストニア人は一般的に初対面の者を家に招き入れることが稀であることも理由であった。連日、密度の高いツアー内容だったが、タルトゥでは一日の自由時間を設定した。これによって学生たちは自らの課題意識をもとに充実した時間を過ごせ、引率教員は学習者主体のプログラム作りの重要性を再確認した。

当時、上智大学のスタディツアーの実施は拡大路線にあり、筆者もエストニア以外にベルリン、トルコ、豪州のツアーを検討した。しかし、ベルリンではクリスマスマーケットにトラックが突っ込むテロが発生し、トルコはすでにご専門とされる教員が他におられ、豪州は大変高価な見積もり結果となったことから、それぞれ断念した。しかし、このパイロットへの参加者五名は十分に質の高い体験型学習を得たと判断できたため、翌年度には公式プログラムとして走らせることを開講元のグローバル教育センターに申し出た。

〈二〇一七年度　効果的な運用：関係構築と研究サイクル〉

この年度は、一石三鳥を目指した。前年の経験を踏まえエストニア滞在のみで参加コストを圧縮し、同時に各学生はアルバイトに精を出し、引率教員とともに論文執筆することを目指した。旅程では二〇一八年二月二四日のエストニア独立一〇〇周年イベントを日程に含め、フライト代が低い時期に合わせた。また当時、筆者は湿地に関する上智大学ブランディング事業に関わっていたことから、学生に研究補助を依頼した。エストニアが湿地帯を多く含むことから、その調査研究の結果を湿地研究の専門誌に掲載してもらえた。このように、参加学生にも具体的なメリットがあり、引率教員も研究を展開できるサイクルを回すことができた。訪問先はタ

写真1　フィールドワークのふりかえり

ルトゥに絞り、TEECのほか大学および湿地帯と独立記念イベントでフィールドワークを行った。オンライン報告書も公開した(3)。

ただし、真冬のツアーでは零下二〇度の環境で、湿地帯の探索には体力が必要であった。雪で閉ざされ気軽に外出できず、宿泊施設（エコハウス）滞在中に学生同士は交流をより深めたようだ。帰国間際にバスに忘れ物を残し空港からターミナルへ取りに行ったり、夜中に喫煙のため外出すると自動ロックで極寒の中に閉め出されたりと、学生のトラブルが頻発したが、そうした経験もグループ内の結束を強めた。

実は、「とにかく単位が必要だった」とツアー途中で自らが申し出た学生が一名いた。参加学生の確認段階で事務室から「ツアーの成否に関わるかもしれないので、面接して動機を確かめた方が良い」と助言を受けたほどであった。しかし、現地では他の参加者との調整に尽力し、現地での最終報告会も帰路便での最終報告作成も精力的にこなし、改めて学生の認知的な学力以外の社会・情動的潜在能力を確認させられた。

〈二〇一八年度　拡張を目指す：よりグローバルな展開へ〉

過去二回のツアーは極寒の時期であった。確かに日本では経験できない冬の寒さも良いが、夏のエストニアも学生には知ってほしいと、ここで初めて九月中旬に開催した。また、UNESCO「バルト海」プロジェクト（BSP）の国際会合への参加もツアーに組み込んだ。バルト海を囲む九カ国が三年に一回大きな国際会合を行うため、それに合わせてツアーは実施された。つまり、ツアー前半では学生はエストニアで学び、後半はBSP国際会合へ参加した。主な訪問先はタリンの高校、タルトゥではTEECと大学、そしてドイツではバルト海に面する北部の保養地ダンプであった。最終報告書はウェブサイトで公開した。(4)

前年度に続き、研究サイクルを回すことも試みた。BSP国際会合では筆者もファシリテーターとなりワークショップを開催した。そして、ワークショップ前後における参加者のサステイナビリティを質問紙調査によって把握し、学生との共著論文として出版できた。

写真2　国際会合での交流

この回で特記すべきは、後半の国際会合への参加である。むろん会合の内容「グローバル・シティズンシップ」は重要であったが、それに劣らず重要な機会となったのは、意図せずして得られた共通体験であった。それは、エストニアからドイツへの実に三〇時間以上ものバス移動であった。朝四時にエストニア参加者とともに出発し、ラトビアとリトアニアの参加者をバスに迎えて一緒に移動し続けた。途中、何もないポーランドで長距離トラック運転手向けの宿に泊まった。ドイツ到着時には疲労感が強かったが、六〇〇人ほどが集まった会合では一六のワークショップに参加者たちは散らばって学びを深めた。

〈二〇一九年度　課題を判別：事前準備と信頼関係〉

この回では、これまで以上にエストニアに関する知識の獲得を目指し、大学図書館でエストニアを冠する書籍を参加者が読み漁った。すべてに目を通すことはできなかったが、最も事前に勉強したグループであった。主な訪問先はタリンの博物館と大学、国内第三の都市ナルヴァ、タルトゥではTEC、国内保養地ルースタでのBSP四〇周年国際会合であった。報告書はウェブサイトで公開した(5)。

特筆すべきは、エストニア理解を深めるため現地在住日本人へのインタビューを行った点である。現地ではエストニア人へ聞き取りも行ったが、日本人から見た現地のことを学ぶ貴重な機会となった。応じてくれた日本人は、首都タリンでは現地ベンチャー企業に勤務する男性、結婚後現地で生活する女性とインターンシップで滞在中の日本人女子学生、タルトゥでは結婚後に現地で生活する女性の合計四名であった。

二〇二二年二月下旬からのロシア軍によるウクライナ侵攻は本稿執筆段階では継続中であるが、この回ではロシア国境に面する第三の都市ナルヴァへ日帰りでタリンから往復した。エストニア国内には約三割のロシア系住民がおり、ナルヴァはその比率が国内最高である。同市ではロシア語が街中で話されており、国境の橋で往来する車両はかなりの数であった。NATO加盟国のエストニアでは男性には兵役義務があるように、ロシア軍に対峙した国防が前提にある。今回のウクライナ侵攻によって、今のエストニアでは緊張感が高まっている。

ところで、この回では引率教員と参加学生のコミュニケーションが比較的少なかった。教員が別途進行中の英語コース立ち上げ準備に奔走していたためでもあるが、事前講義でエストニアに関する専門書を収集したものの、資料を読み込み、参加者同士で内容理解を深める時間が全体的に不足していた。ツアー事前課題としての知識の獲得と共有は重要なステップであることが改めて確認できた。その後二〇二〇年度にはコロナ禍でツアー中止（休講）となったことから、この回が現地訪問型のツアーとしては最新の経験である。

〈二〇二一年度　苦肉の策：オンライン協働学習の試み〉

コロナ禍により二〇二〇年度の授業はほぼオンラインであったのに対して、二〇二一年度には対面式授業が増えた。しかし、海外渡航は原則として認められておらず、このツアーもオンラインでの実施となった。幸い、筆者はエストニアで感染者が見つかり国境が閉鎖される直前の二〇二〇年三月半ばにタリン大学との合同教育プロジェクトの打ち合わせをしていた。当時は詳細な合意には至っていなかったが、二〇二一年度を前にタリン大学が持つ実践型プラットホーム「ＬＩＦＥ」に上智大学のこのツアーもオンラインで参加させてもらうこととした。

タリン大学の研究協力者たちとは以前からサステイナビリティに関する研究交流を行っていたことから、プラットホーム上の共同プロジェクトでもテーマ設定には問題なかった。だが課

写真3　オンラインでの実施

題は共通言語（英語）より、先方が自然科学の学生が多いのに対して、上智大学側は人文社会科学の学生が多い点であった。準備段階では、考えられる課題と工夫の可能性を何度も議論した。双方とも二〇二〇年に苦痛を伴うほどオンライン会議を繰り返してきた経験から、教員同士の議論そのものは学際的アプローチの可能性という点で意見は一致していた。

　プロジェクトが始まると、海外へ行けずに刺激を求めていた学生たちは極めて高い動機で自ら課題設定を行い、常に積極的に取り組んだ。主テーマの「サステイナブル大学」について講義で学んだ内容だけでなく、両大学で学長や教員たち、事務職関係者に聞き取り調査を行った。さらに、学生を対象とした質問紙調査も行い、「ＬＩＦＥ」プロジェクト最終発表会は時差のため夜九時となったが、日本から発表を行った。その後、上智大学側はタリン大学の仲間にも読みやすくするため英語で最終報告書を作成し、そこではプロジェクトで行った調査結果も公開した。(6)

以上の過去の状況に加えて、次の機会となる二〇二二年度は再び冬に渡航を伴うツアーを計画している。三回以上のワクチン接種が一般的となり、マスク着用義務も緩和され、ＥＵ圏出入国も従前通りになった。大学からの許可をもって学生の渡航が可能となるであろう。ただし、ウクライナ情勢によりロシア上空が飛行禁止となりフライト代は上昇傾向にあり、さらにはロシアに隣接するエストニアでの外交上の緊張が高まることから、渡航が困難になる可能性は否めない。

本章の後半では、そうした不確定要素も含めたサステイナビリティを扱う教育の理論的背景を紹介しながら、ツアーについて考察していこう。

サステイナビリティを深く捉える学び

・サステイナビリティとは

サステイナビリティは一九九〇年代に三〇〇以上もの分類がなされている（Dobson 1996）ものの、日本では「持続可能性」という訳が当てられ、また今日ではSDGsに関連して捉えられがちである。だが、工藤（二〇二二）も記すように、「自分だけでなく他者を含めた私たちが下から支えて維持する能力」と捉えることで、教育・学習との関連がより明確になる。なぜなら、客観的ともいえる「持続可能性」とは異なり私たちの主体性が問われる上に、社会的学習の成果を含めた広義の能力を想定できるためである。また、一九八七年に国連に出されたブルントラント報告書『我ら共有の未来』は世代間および世代内での公平性を「持続可能な開発」の定義に含め、最近では教皇フランシスコ（二〇一六）もヒト以外の自然にも責務を持つことを記し、人間は自然環境の一部であり自然に含まれることが前提とされている。これらのことから、サステイナビリティにおいては私たちの主体性に加えて、同時代と将来を生きる他者・生態系との関係性という二つが重要な要素となり、同時にそれらは能動的かつ受動的な関係であり得る両義性も含まれる（丸山 二〇二二）。

このようなサステイナビリティについて理解を深めるために、例えばSDGsをより構造的に捉えるウェディングケーキ・モデルや、プラネタリー・バウンダリーに公正性を組み込んだドーナツ経済モデルが提示されている。ただし、これらのモデルにおいてもグローバルとローカルの視座の間で往還が必要である。これは普遍的とされる既存の観点、例えば二項対立（バイナリー）として事象を捉えることを時に拒否し、複雑さを受け入れることも意味する。近代化プロセスでグローバルに標準化された様々な価値基準を私たちはある程度無批判に受け入れてきた。だが、そうした一元的な近代化のルール「これまで通り」を続けた結果としてグローバルな課題が生じているとすると、今は遅ればせながらもローカルに正当化・正統化されてきた価値体系をも同等に重視する時期にある。ある空間でうまく機能したことがグローバルに共有されても、単純な借用では別のローカルで機能するとは限らないためである。それぞれの足元で蓄積された知恵や工夫も同様に重要なものとし、ＳＤＧｓが「誰も取り残さない」ならば、なおのこと声なき声へ傾聴する必要があろう。

そこでは、グローバルとローカルな課題や合意を連動して捉えることが重要となる。サステイナビリティを阻害する問題は危機感を煽る形で表現されがちで、その深刻さゆえに小さな私たちには解決不可能にさえ思われる。しかし、世界は相互依存システムで成り立つこと、さらに「小さなことでも影響力を持ちうること」をシステム思考によって捉えることができる。システム思考は、メドウズ（二〇一五）によってサステイナビリティの文脈で整理され、広く扱われており、またＥＳＤの展開ではシステム思考は不可欠である。

さて、本ツアーにおけるサステイナビリティを整理すると、参加者自身が渡航前の準備とフィールドでの経験を通して、システムとして捉えた世界の中で何を支えて継続すべきかに気づき、自身と他者を持続可能にしていくための行動を選ぶことを促進する。それは経験によって得られる学習を超えて、他者とともに自己変容させる学習へ、その結果、自身を解放することへとつながっていく。次項から、サステイナビリティを深く捉えたＥＳＤの理論枠組みを紹介し、ツアーの分析を行う。

・経験学習から変容的学習へ

誰もが経験から何かを学ぶ。特に大学教育以降の学習では本人にとっての意味が重要となるため、経験学習と生涯学習における変容的学習について整理しておこう。経験学習は古くは教育哲学でも指摘されてきたが、学習者が経験したことを省察および概念化して、次の経験に向けて試行した後、さらに経験を積んでいくサイクルがある。さらに、生涯学習論からは経験に対する考えや感情および行動が相互に作用して個人の学習が生じるとされる。その学習の結果、その個人は変化し身体的にも記憶され、次の学習サイクルへと進む（Jarvis 2010）。

そして、そのような経験を糧にして学習者は変化する。その様子を変容的学習と呼ぶ。これまでとは異なりジレンマさえ感じさせる時、学習者自らが検討して意味を生成し、必要な知識と技能を習得して、新たな役割で試行錯誤した後、更新された認識にもとづいた条件を土台に自分の生活を再統合する（メジロー 二〇一二）。この変容的学習とは、学習者が社会化の中で形成的に学んできた大人の準拠枠・認識（意味パースペクティブ）を変容させた結果、自身の解放的学習へとつなげるものである。この成人学習モードでは予想できない変容も起こり得るため予定調和的な学習成果ばかりではないが、本人が意味あるものとして認識し、その後の行動へつながるならば高い成果があったとみなすことができる。

ツアーにおける原体験はしばしば衝撃的である。私たちは感覚的に得た認識を乗り越えることは難しいため、体験が判断の根拠となりがちである。一〇日程度のツアーでは長期フィールドワークほどの効果は出にくいが、現場で生じる偶発的学びや自己省察が学習効果を高める要となる。現地で同世代の若者へ行う聞き取り調査を通して学術的スキルを獲得し、自己変容を可能とするフィールドワークが、体験型ツアーでは最も重要な部分となる。自分の捉えてきた現実とのギャップを認識できるほどの準備があると、変容的学習へとつながる可能性は高まる。

エストニアという小国の存在を知ること、そこに住む人たちの生き方を知ること、グローバル競争にさらされている自身を相対化することが現地の人との対話で見えてくる。宿泊先では共同トイレなど不便な点はあるが、こうした共同生活そのものが学習空間であり、逃げ場の無い状況が変容的学習を強化することもある。ツアーでは夕食前後でのふりかえりを通して参加者同士の気づきを共有し、日本人以外もいるエコハウスで多様性を体験する。自らの準拠枠が揺るがされ、現実との断絶・ジレンマを受け入れることで、変容のきっかけを見つけることになる。ただし、内向的性格を備えた参加者も、特にエストニア人が良い聞き手となる人は多いことから、変容的学習に向けた省察は生じやすい。そのため参加者からは、学生生活の中でツアーに最も影響を受けたとの意見も少なくない。

・深いESDのアプローチ

次に、学習者本人にとって意味を持つ深い変容的学習について記していこう。それは、他者・他の生命体との関係性を自己省察することで生じる学びとなる。第一段階として個人と組織の学習が既存の知識と一致させることとすると、改革的学習が第二段階、そして第三の変容的学習が最も深く、高次の学習となる。ＥＳＤは、ホーリズムをはじめ、しなやかさ（レジリエンス）・公平な分配・地球市民の意識・深い民主主義などのコアを元来から持ち、グローバルな教育として展開されている。だが、ＥＳＤ実践の構想当初は、そうした深さが設定されていても、既存の教育制度内に取り組まれると断片化や矮小化が生じて、浅い実践へと変わってしまい、組織全体が生き生きと変わっていくようなダイナミズムが失われがちである（永田 二〇一九）。経験から生じる偶発的学習やその空間で生まれる新たな価値を直視し、自分の身体性も捉えて、生態系を含む他者との関係性を踏まえ、持続可能にさせるに値する知識や知恵そして理性と感性を高めて行動に移すのが、「深いＥＳＤ」である。

そのＥＳＤは、Education「in」Sustainable Development（持続可能な開発の中における経験学習）、E「about」SD（についての学習）、E「for」SD（に向けた学習）と分類して捉えることができる。これは、環境教育論にもとづき順に経験教育、情報提供の教育、そして環境課題の起源を検証し、変革の担い手として積極的な役割を果たす学習者を育成する批判的・政治的教育となる「環境のための教育」の三つから援用される。換言すると、サステイナビリティの中に身を置いて学ぶ「in」、それについて学ぶ「about」、それに向けて・そのために学ぶ「for」となる。座学でも「about」は可能であるが、「in」はフィールドに出る必要があり、「for」は行動変容を伴う。

表3　訪問型とオンラインの傾向

E...SD	学習の形態	2019まで	2021
in	経験学習	◎	○
about	知識獲得	◎	◎
for	行動志向	○	◎

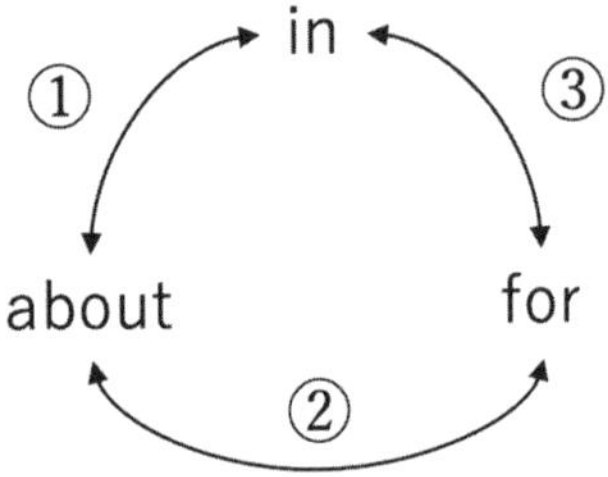

図1　in, about, forの関係性

二〇一九年度まで現地訪問ができたツアーでは現地での体験を伴うため経験学習が深まり、二〇二一年度のオンラインツアーでは経験学習は低い次元に留まりがちであった。しかしコロナ禍という世界共通の未曾有の状況下において参加者たちの課題意識は強まり、行動変容をより強く意識できた（表3）。ただし、その三つは相互に関連している（図1）ため、例えば経験する前に調べることと調べたものを経験することは、相互に強化する関係にある。これまでのツアーにおいて「in」と「about」の関係①と「about」と「for」の関係②は学習として見られたが、今後は「in」と「for」の関係③を意識したツアーの展開が期待される。

　そして、③を意識するとは、サステイナビリティの議論に沿うと、「これまで通り（business as usual）」の社会や「これまで通りの教育（education as usual）」をより問い直すことになる。二〇五〇年の教育に向けて何を止めるべきか、何を継続すべきか、また何を創造的に捉え直すべきか（UNESCO 2021）が問われる中、今日の教育が生むサステイナビリティについて、ＥＳＤ専門家であるオランダ・ヴァーヘニンゲン大学のウォルス教授は次のように述べる。

今日、次から次へと流れてくる情報をさばくことが常態化してしまっており、私たちはまるでゲームのように課題をクリアすることに力を注ぐようになってしまった。教育は、学習者のウェルビーイングなど測定しにくい成果を生み出すが、二〇世紀の教育では認知的側面を重視し続けてきた。オランダの教育哲学者ビースタがいうように、そうした資格化より、今後のＥＳＤでは社会化と主体化といった主体形成、すなわち、自分は誰なのか？どうあるべきなのか？が問われるのである。(7)

・深いＥＳＤによる実践領域

経験を通して学習者が変容し「これまで通り」から解放され、社会をサステイナブルにするために行動へ移すようになること。これがＥＳＤの最大の教育成果であるため、主体形成のプロセスには必ず社会的学習が伴う。それをより理解するには、ＥＳＤ実践と研究を続けるJicklingとWals（二〇〇八）の四象限が有益である（図2）。縦軸に伝達型・変容型、横軸に権威型・参加型を設定すると、学校における教科教育は第Ⅱ象限に位置づき、「深いＥＳＤ」は第Ⅳ象限に属する。

ここで改めてＥＳＤの「in」、「about」、「for」をこの四象限で整理すると、図3のようになる。知識が伝達される講義は「about」として第Ⅱ象限に位置づき、社会構成主義で参加型となる「for」は第Ⅳ象限に位置づく。そして、「in」は参加型であることから第Ⅰ象限のはずだが、参加者の参加度合いが低い、つまり受け身の学習状態ならば実質的には第Ⅱ象限のままとなる。これは長年、筆者が研究してきたノンフォーマル教育における参加と自律の課題であり、その場には居るが関与（コミット）していない参加者には自身にとって重要な学習が発生しないことを指す。そして、このことはＥＳＤ実践における次のような重要な指摘を導く。すなわち、参加者のコミットを生み出すだけの準備と経験を通した新たな意味の生成が無い限り、現地を訪問しても変容を誘引する「深いＥＳＤ」には至りにくい。

幸い、本ツアーにはエストニアやサステイナビリティに関心を持つ学生が参加する。さらに、

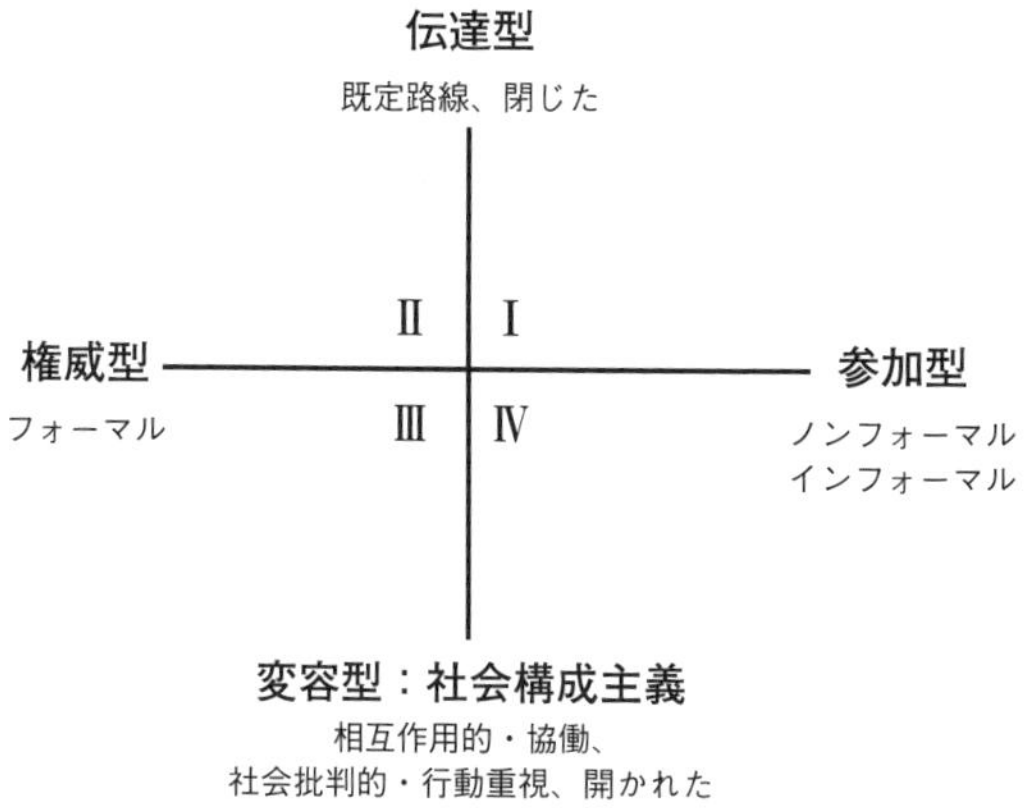

図2　ESDの4象限
出典：Jickling & Wals(2008)を一部加工して筆者作成

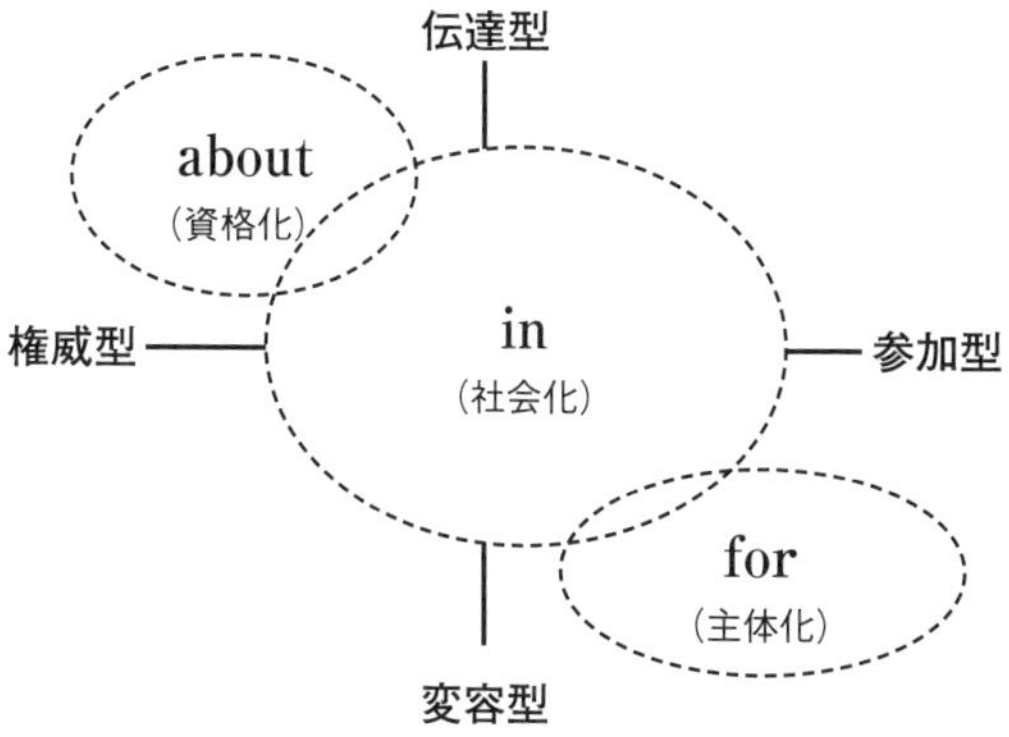

図3　in-about-forと4象限
出典：Jickling & Wals(2008); Springet(2017); Biesta(2016)から筆者作成

治安の良さも含めて心理的安全性が担保された現地の雰囲気やリソースパーソンからの刺激は大きく、事前学習段階では自らの課題意識が弱くても、「in」の経験によって参加者の意識が一気に開花することもある。一九九〇年代から増加したスタディツアーを研究した子島・藤原（二〇一七）は、今後は知識伝達だけでなく、学生が体験を経て目覚め、自ら問題を解決する汎用的能力を養い、グローバルな相互依存関係を理解し、グローバル市民として責任ある態度を培うことを目指すべきとする（一六頁）。ここでも重要となるのは四象限の右向き、すなわち社会的学習である。学生同士あるいは現地の同世代の態度や言葉による参加学生への影響力が、縦軸の上から、つまり教員からの声よりも大きいためである。そのため、担当教員はツアーを引率する役割を担うが、同世代同士の対話を促す者であることが期待される。

おわりに　社会と自分を変容する問いかけ

スタディツアーでは、想定外のことが頻発する。企画時に現地カウンターパートからは二日で一六時間の陸路と説明されていたが、実際には三〇時間のバス移動となった。これを限られたツアー時間における浪費と捉えることもできよう。しかし、バスの中で共に過ごしたエストニアと日本の参加者同士は逃げ場がないゆえに、むしろ交流を深めた。大量の情報を次々に処理する道具的な能力を高める資格化ではなく、自分は何者か？　何をしたいのか？　他者とどう関係するのか？　といった社会化と主体化につながる学習が、ツアーでの経験を通して変容として生まれ、その結果「これまで通り」を見直すことで自分らしくなる。自分なりの発見をふまえて自身が変容することで自信を高め、自分のため・他者のためにさらなる変容へと学習は生涯にわたり継続していく。こうした「下から支えて継続する力」がサステイナビリティなのである。

最後に「深いＥＳＤ」が直接関係する上智大学での他の教育プログラムを紹介しておこう。まず、英語で行われる学科横断型プログラム「Sophia Program for Sustainable Futures：ＳＰＳＦ」である。ＳＰＳＦは当初から学際的教育プログラムとして構想され、一年生は横断型（cross-disciplinary）必須科目で持続可能な未来を多様な学問体系から扱う。二年生から三年生までには学際的（inter-disciplinary）に科目を取り、未来を意識しながら学問や学内外プログラムで学ぶ。そして三年生の必須科目と四年次の卒業論文研究によって変容的（trans-disciplinary）な学びとして新たに創造する。現実的には新たな創造は限定されるが、卒業後も社会人または大学院生として自分のテーマについて学び続けることへつなげる仕組みになっている。

二〇二二年度からは「展開知」と呼ばれる一年次の必修教養科目が始まった。二二年度は環境をテーマにしており、「バルト海」プロジェクトのエストニア、デンマーク、ドイツの専門家がCOIL形式で講義に出演している。政治的イデオロギーを環境汚染という一般化（グローバル）課題に着目することで克服し、対話と協力によって共通アプローチを開発すると同時に各国で活用できるよう差異化（ローカル）したプロセスを上智大学の学生たちは学ぶ。専門家たちの経験学習と変容的学習を追体験するのである。

また、筆者のゼミにおいては、深いESDの実践を通して、例えばシステム思考の実践を行い、ゼミ生たちが自らゼミ活動を構築していく「for」アプローチを試みている。こうした社会的学習の空間を担保する手法は、筆者もインフォーマルに指導いただいた同志社大学の内藤正典先生の試みや元同僚だった早稲田大学の菊地栄治先生と聖心女子大学の永田佳之先生の教育実践から示唆を得た。教皇フランシスコ（二〇一六）による回勅『ラウダート・シ』では、これまでのテクノロジーの発達による一次元的パラダイムについて捉え直すことを提起しており、エコロジカルな市民を育てる重要性と新しい生活様式を目指すことが記されている。いずれのゼミも「これまで通り」を問い直す学際的なゼミ活動を行っており、そこから筆者自身も大学教員として「主体化」を実践している最中である。

【注】

（1）本章は、次の論文の一部を基にしている。Maruyama, H. (2022). A Deep Transformative Dimension of ESD in Japanese University: From Experiential to Emancipatory Learning in Online and Offline Environments. *Sustainability*. 14(17): 10732.

（2）http://bit.ly/2F9fq28

（3）http://bit.ly/2FafZb1

（4）https://eestimajasophia.wixsite.com/mysite

（5）https://estoniastudytour4.wixsite.com/mysite

（6）https://estoniastudytour20.wixsite.com/estonia-study-tour

（7）ウォルス教授による世界環境教育学会第一一回大会基調講演（二〇二二年三月一四日。於プラハ・コングレスセンター）を筆者がまとめた。

■主な参考文献

教皇フランシスコ（二〇一六）『回勅　ラウダート・シ：ともに暮らす家を大切に』（瀬本正之・吉川まみ訳）カトリック中央協議会

工藤尚悟（二〇二二）『私たちのサステイナビリティ：まもり、つくり、次世代につなげる』岩波ジュニア新書
子島進・藤原孝章編（二〇一七）『大学における海外体験学習への挑戦』ナカニシヤ出版
丸山英樹（二〇二二）「ＳＤＧｓの先を展望する共生社会へ向けた生涯学習」佐藤一子ら編『共生への学びを拓く』（二三五－二四九頁）エイデル研究所
メジロー、Ｊ．（二〇一二）『おとなの学びと変容：変容的学習とは何か』（金澤睦・三輪建二監訳）鳳書房
メドウズ、Ｄ．Ｈ．（二〇一五）『世界はシステムで動く──いま起きていることの本質をつかむ考え方』（枝廣淳子・小田理一郎訳）英治出版
望月要子・永田佳之（二〇一九）「持続可能な開発（ＥＳＤ）」北村友人ら編『ＳＤＧｓ時代の教育』（二六－五〇頁）学文社
Biesta, G. J. J. (2016). *Good Education in an Age of Measurement: Ethics, Politics, Democracy*, London: Routledge.
Dobson, A. (1996). Environment sustainabilities: An analysis and a typology, *Environmental Politics*, 5(3): 401–428.
Jarvis, P. (2010). *Adult Education and Lifelong Learning: Theory and Practice*, London: Routledge.

Jickling, B. & Wals, A.E.J. (2008). Globalization and environmental education. *Journal of Curriculum Studies*, 40: 1–21.

Springett, D. (2017). Education for Sustainable Development: Challenges of a critical pedagogy, In Redclift, M. & Springett, D. eds. *Routledge International Handbook of Sustainable Development*, (pp. 104-118), London: Routledge.

UNESCO (2021). *Reimagining Our Futures Together: A new social contract for education*, Paris: UNESCO.

情報通信技術（ＩＣＴ）を活用したグローバル教育の実践

李　ウォンギョン

はじめに

オンラインで様々な情報を無料で得ることができる今の時代、総合大学のグローバル教育がなしうることは、単に知識を伝えるだけではなく、学生個人が自分の周りで当たり前として考えている壁を飛び越え、社会の多面性を再認識すること、また、彼らに多文化共生社会への道を示すことであると考えている。その過程で、情報通信技術（Information and Communication Technologies：ＩＣＴ）の活用は、グローバル人材として必須のＩＣＴリテラシーを高めるとともに、自分の壁を越えて現在のグローバル社会、特にデジタル化している社会をより深く理解する機会を提供できると思われる。また、グローバル教育でのＩＣＴの活用は、上智大学の設立母体であるイエズス会の最近の教育活動にも多く見られる特徴であるため、本稿では、筆者の研究と教育体験を基にグローバル教育センターの実践について論じる。

筆者は、上智大学が文部科学省「大学の世界展開力強化事業」に採択されてから、オンライン国際協働学習プログラム（Collaborative Online International Learning：ＣＯＩＬ）事業の特任助教として勤めている。二〇一九年以降、より多くの学生、特に、テキストを読むことより動画を見ることで知識を得ている今の世代に、ＣＯＩＬやアクティブ・ラーニングなど、より実践的なグローバル教育の教授法を用いてきた。そのため、新型コロナウイルス感染症が世界的に拡大している間でも、積極的にイノベーティブな教育を展開することができた。

グローバルな視点でのＩＣＴリテラシー教育

全世界的にＳＮＳなどサイバー空間でのコミュニケーションが盛んであるが、日常生活での言語と異なるネットの用語の教育や、ネット上で正しくコミュニケーションする方法、いわゆる情報倫理やＩＣＴリテラシー教育は不十分であるという話が多く聞かれる。また、グローバル教育の面では、大学生が外国語の学習や海外文化を体験する機会を増やす試みとして、ＳＮＳやチャットアプリケーションなどを活用することも年々増えている。

グローバル教育センターの教員は、留学を考えていたり、近日中の派遣が決まっていたりする学生を対象とした、「留学準備講座」のカリキュラム構成を考えてきた。そして、毎回の授業をＰＣルームで実施することで、渡航先に対する情報検索や派遣大学のシラバス検索など実践的なスキルを向上させる機会を提供してきた。筆者が「留学準備講座」を担当することになってからは、他大学の非常勤講師として情報系の講義を担当してきた経験を活かして、ＰＣ活用能力を高めるとともに、ＳＮＳでのプライバシー保護の意識の強化、日本語だけではなく多国語でのネット検索・翻訳機能の利用により信頼度が高い情報源を見つける方法の共有など、より高いＩＣＴリテラシーを身につけてもらうことを目標としている。

また、本講座ではＣＯＩＬを通じて、上智大学の協定校の授業を一部体験できる機会も設けている。現地で対面授業へ参加する前に、慣れている学内の環境の中でＺｏｏｍへ接続するだけで海外大学の学生と交流できるため、参加者は比較的安心して相手とのコミュニケーションに集中できる。カメラとマイクを利用すると発話者の表情や音声が明瞭に届くため、日本の参加者は対面よりオンライン交流の方が聞き取りやすく、チャット機能でテキストや絵文字を同時に使用することで、より明確に自分の意見を伝えることができた。ＣＯＩＬのグループワークとして、クラウドや掲示板を活用して協働作業を行うことが多いため、受講生がＩＣＴ関連用語を身につけることと、デジタル時代の業務スタイルやグローバルスタンダードに慣れていく様子も見受けられた。そして、ＣＯＩＬ実施後には本学の学習管理システム（Learning

Management System：LMS）であるMoodleを利用し、リアクションペーパーを作成させ、学んだことと反省点などの書き込みをテキストマイニングし、参加者と共有することで次のステップに進む方法を、学生と共に考えている。

二〇二二年現在、上智大学では対面授業が実施されているが、Blended learningまたは、Hybrid learningという対面式の教育プログラムに加え、ICTを利用するオンライン活動を組み合わせたものを続けていて、グローバル社会で活躍するために必要な高度な教養を幅広く習得させる予定である。

ICTとグローバル社会の理解

ICTを活用することで、日常生活では会えない異なる文化圏からの受講生同士がオンラインでつながり、共通の問題に関してのProblem Based Learningを実施し、学びを深めることもできる。「現代アジア社会の理解」という科目では、米国ワシントン州のゴンザガ大学とお茶の水女子大学、静岡県立大学をつなぎ、ジェンダーとダイバーシティ問題についてディスカッションしてきた。日本だけでも、女子大と地方の大学、そして留学生や帰国生の多い本学と、非常に多様な背景を持つ学生がいて、そこに米国の大学生が加わり、自分たちにとって身近なジェンダー問題について論じ合う。対面では発言しにくい経験や悩みに関しても、オンラインでの関わり、またネットの匿名性を利用した掲示板での書き込み活動を入れることで参加者がどんどん能動的に参加する様子が見られた。本学の参加者は、ディスカッションを通じて、「他者」と考えていた他大学・他地域・他国とも共有する「多文化共生」という課題があることに自然に気が付き、グローバル社会への理解が高まったとみられる。

ＩＣＴを用いたグローバル教育の参加者が、渡航を伴う留学と国際交流と比べて、どれほど他文化と相互作用ができていたか、多文化に対する理解が促進できたかは今後一層の分析調査が必要である。上智大学グローバル教育センターは、臨床心理学に基づくグローバル教育効果分析調査（BEVI-J）などを利用し、国際交流や多文化を経験した学生の価値観の変化を分析しようとしている。グローバル教育の効果を客観的に測定し、プログラムの改善に有効に活用する方法について引き続き研究したい。

ＩＣＴとイエズス会教育

本学の設立母体であるイエズス会の最近の活動でも、積極的にＩＣＴを活用している。グローバル教育センターもその流れを受け、関連活動に参加するほか、独自のプログラムの開発に関わっている。

筆者は、イエズス会の難民支援プロジェクトを元に国境を超えた教育格差を解消するために設立されたJesuit Worldwide Learning（ＪＷＬ）連携に関わり、二〇一九年度ではミャンマーのＪＷＬプロジェクトサイトへの学生を引率、教育をテーマとしたスタディツアーを実施した。開発途上国でのＩＣＴ教育の現状をみることや、ＪＷＬ課程の受講者の声を聴いてＩＣＴを活用した高等教育の課題について考える機会を持った。二〇二一年度からはＪＷＬのオンライン講義としてLiberal Studies の必須科目「Introduction to Political Thought」を担当し、マラウイ、ヨルダン、スリランカの難民キャンプからの受講生を指導した。また、ＪＷＬの経験に対して、高い関心を示した米国の大学、特に、ゴンザガ大学、シアトル大学、ボストンカレッジなどイエズス会大学の教員と今後、日米とＪＷＬで連携してＣＯＩＬを実施することも計画している。

また、韓国の西江大学とは「ＳＯＦＥＸ（Sophia-Sogang Festival of Exchange）」という一学期間の少人数ＣＯＩＬ科目を開いている。オンラインでの協働授業とグループワークの最後に、対面での共同発表会を開き、ＩＣＴを活用したグローバル教育の実践に関して、多くのイエズス会の関係者も関心を持っている。このような経験は、二〇二二年三月、イエズス会大学間の会議（AJCU-AP）Faculty round tableでコロナ状況下での上智大学の工夫として他の教育機関とも共有された。

おわりに

二〇〇〇年代から日本の教育現場では遠隔授業やｅラーニングなどでＩＣＴが導入され始めており、グローバル教育の側面でもインターネットを通じて国境や言語の壁を越え、学生相互のコミュニケーション能力や異文化理解の促進に繋がることが期待されていた。筆者が日本に滞在した過去一四年間は、このような軌跡をたどる過程でもあった。当初は私自身がほとんど日本語で話すことができなかったが、ＩＣＴを用いながら日本社会とコミュニケーションが可能だったため、多文化共生社会に目を向けたグローバル教育への移行過程を自ら実践し体験した。

二〇一六年四月、特別研究員として上智大学のグローバル教育センターに赴任して以来、日本語でのグローバル教育はもちろん日本の研究者、企業・政府関係者との交流まで自ら率先して行えるようになった。今後の教育と研究目標としても、ＩＣＴ分野での東アジアならではの特徴を明らかにするとともに、政治的和解への一助となるような可能性も続けて考えていきたい。私にとって上智大学グローバル教育センターはこのような目標を持ち続けられる場であり、今後もＩＣＴとグローバル教育を深化させる舞台となることを期待している。

■参考文献

Colleoni, E., Rozza, A. Arvidsson, A. (2014). "Echo Chamber or Public Sphere? Predicting Political Orientation and Measuring Political Homophily in Twitter Using Big Data". *Journal of Communication*, 64(2): 317–332.

重田勝介（二〇一四）「反転授業ＩＣＴによる教育改革の進展 Flipped Classroom Educational reform utilizing information technology.」『情報管理』五六（一〇）、六七七―六八四頁

森下孟・谷塚光典・東原義訓（二〇一八）「教育実習でのＩＣＴ活用授業実践によるＩＣＴ活用指導力への効果」『日本教育工学会論文誌』四二（一）、一〇五―一一四頁

李ウォンギョン（二〇二一）「サイバー空間における東アジアのナショナリズム研究」『東洋文化研究』二三、二五六―二八二頁

Rhee, W. (2020). "Sophia-Shizuoka Study tour #1-A Perfect Match: Hybrid-online office and local-global," *IIGE-Paper*: 3-5.

第六章　専門分野を核としたグローバル教育の実践
――米国先住民研究者による取り組みと学び

水谷　裕佳

はじめに

筆者は、今日の米国メキシコ国境地域の主に米国側に暮らす先住民族の文化や社会、そして民族や地域と国家の関係性に関して、文化人類学を主軸とした地域研究の視点から研究している。当初はアリゾナ州南部の中心都市であるトゥーソン市を調査地としてきたが、近年では米国領土の地理的周縁地域全体に対して興味を持ち、陸上のみならず水上の境界地域や、ハワイなど米国の島嶼部で生じる出来事にも関心を抱いている。そして、筆者が本稿執筆時点で勤務する上智大学においては、グローバル教育センターの教員として、多様な学部学科に所属する学生を対象とした授業を担当している。本章では、そのような立場にある一教員の教育実践を紹介し、それを通じて見えたグローバル教育の課題について述べる。

米国における先住民族と先住民研究の現在

米国における先住民族は、あたかも入植者到来以前の時代に生きていて、今日までに消滅した人々であるかのように誤解されることもある。しかし現実には、先住民の人々は虐殺や迫害の時代を生き延びて、現在でも全米各地の先住民保留地や都市で生活している。米国国勢調査局によれば、二〇二〇年の国勢調査では、九七〇万人が米国大陸部の先住民、一六〇万人がハワイもしくは太平洋島嶼部の先住民だと回答した。なお、各自が複数の人種やエスニシティを持つことは自然なことであり、右記の数字には他の人種やエスニシティを併せ持つ人も含まれる (Jones et al. 2021)。そして、米国大陸部の先住民の七〇パーセント以上は、先住民保留地ではなく都市部で生活している。現在都市部で生活する先住民が多い理由としては、二〇世紀に米国政府が先住民の都市への移住を奨励する政策を推し進めたことが挙げられる(1)。

そして、歴史を振り返れば、一九世紀末から二〇世紀初頭を中心として、先住民同化政策の一端を担う寄宿学校が運営された時期もあった。先住民向けの寄宿学校についての見解は、肯定的なものと否定的なものに分かれている。歴史学者として先住民族に関する様々な著書を残したイエズス会士のフランシス・ポール・プルーチャによれば、寄宿学校での教育によって、先住民の学生が英語の読み書きや職業教育を受けられたことを評価する意見がある一方、当時の教育プログラムの中では先住民文化が軽視されていた点や、授業の質の悪さ、子供を家族やコミュニティから引き離した点、寄宿舎での劣悪な生活環境によって学生の健康が損なわれた点などを疑問視する意見も多い（Prucha 1986）。現在の米国内にも、先住民教育に特化した教育機関が存在するものの、その目的や教育内容はかつての寄宿学校の時代とは大きく異なっている。教育プログラムの中では、先住民文化や社会が尊重されることはもちろん、機関の運営には先住民の人々も決定に携わっている（Mizutani 2019）。そして今日では、多くの先住民が高等教育を受け、様々な要職についている。ニューメキシコ州に先住民保留地を持つプエブロ・オブ・ラグナの一員であり、法務博士であるデブ・ハーランド氏が、第五四代米国内務長官に選出されたことは、そのような動きを代表するものであろう。

高等教育を受ける先住民が増加すると同時に、高等教育機関において、国内の先住民族に関する事項が扱われる機会も増えている。米国の高等教育機関では、先住民族に関連する話題は、文化人類学、歴史学、言語学、政治学を始めとして、多様な分野で取り上げられる。さらに現在では、先住民族の伝統的な知識の記録や研究、応用は、理系の諸学問においても活発である。また、先住民の視点から物事を捉える研究や教育活動が独立した学部や学科、専攻として設置され、自身も先住民である大学教員が教壇に立つこともすでに一般化している。初等、中等教育においても、先住民族に関する教育内容の取り入れは急速に進み、先住民族に関する学習の必修化を求める法律がすでに可決された州もある。現在まだ先住民族に関する学習が必修化されていない複数の州においても、将来的な必修化が議論されている（Haigh 2021）。米国の大学において、新入生の全てが先住民族に関する何らかの知識を身に付けているという前提に基づいた教育プログラムが展開される日は、恐らく遠くない未来に訪れることであろう。

教育プログラム以外の面でも、米国の教育機関は、南北アメリカ大陸の元々の住人である先住民族の存在を認め、尊重する動きを加速させている。多くの大学は、キャンパスの敷地が先住民族の伝統的な領土の一部であることを認めた公的な文章（Indigenous Land Acknowledgement）を作成してウェブサイト上で公表し、式典などの公式な場で読み上げている。先住民学生の大学進学を支援する非営利団体のアメリカン・インディアン・カレッジ・ファンドの代表者は、同団体の公式ブログにおいて、右記のような文章の作成は高等教育機関の社会的責任であると述べている（Crazy Bull 2020）。つまり、先住民族に対する配慮は、大学における研究や教育活動のみならず、運営の面でも重要視されているのだ。

留学準備に資する事前教育とは

日本国内では、米国において先住民族に関する学習内容の取り入れが急速に進んでいることや、高等教育機関と先住民族の関係性が変化していることは、恐らく広くは知られていないことだろう。さらに、連邦政府や地方自治体、非営利団体、教育機関などはもちろんのこと、主要な企業も先住民族との協働を積極的に進めており、先住民族に関する知識が民間企業での業務に直接的に役立つことは、日米の社会的な違いかもしれない。例えば、世界中でコンピューターなどを販売するアップル社やマイクロソフト社は、米国の先住民族チェロキーと連携し、チェロキー語を製品に組み込んでいる[2]。そして、グーグル社は、二〇一二年に先住民族との協働に特化した組織を立ち上げ、そこでは先住民の社員も活躍している（Hoeft 2021）。つまり、先住民族に関する知識は、どのような知識や技能を持つ人々が働く場においても求められる上、先住民の社員と先住民でない社員が協力して業務に従事する時代が到来している。加えて、国連が二〇二三年からの一〇年間を、先住民言語の保護に注力する期間に定めたことからも分かる通り[3]、先住民族に関する話題は国際社会の中で極めて重要視されている。すなわち、先住民族に関連する米国の大学の変化は、一時的かつローカルな動きではなく、国際社会の長期的な潮流を反映させたものでもある。

日本から米国には、毎年多くの学生が留学する。しかし、日米教育委員会のウェブサイトによれば、日本以外の国から米国に留学する学生の数が増加した影響もあり、米国内の留学生における日本人の割合は年々減少している。[4] そのような状況においても、米国を留学先に選ぶ学生は少なくない。そして、半年もしくは一年間の交換留学の場合には、入門科目を日本の大学で受講し、その上のレベルに相当する科目を米国の大学で学ぶことになる。学生が留学先で履修する科目が、先住民族に関する一定の知識を持つことが前提として進められた場合には、英語力が足りており、専攻する分野に秀でていたとしても、学生が授業についていけなくなる可能性があるのではなかろうか。語学留学であったとしても、同様の事態は生じ得る。例えば、先住民族にまつわる文章の中で、主権という単語が出てきたとする。英和辞典を引いただけでは、恐らく先住民族の主権が何を意味するのかは分かりづらい。米国出身でなくても、自国内の先住民族について学ぶ機会がある国で育った学生であれば、先住民族の主権という概念そのものは有しているが、日本の学生にはかなりの補足説明が必要であろう。加えて、機関全体が地域の先住民族との良好な関係性の構築に日々努力を重ねていることを考えれば、その大学に送り出す学生に対して先住民族に関する知識を与えることは、受け入れ大学へのマナーの一部でもある。

日本の大学から米国の大学に送り出す交換留学生に対して、一体どのような派遣前のプログラムを準備するかという点について、どの大学の関係者も頭を悩ませていることと想像する。渡航に際する具体的な手続き、異文化理解やカルチャーショックについての基礎的な情報を提供することは不可欠ではあるが、そのような知識は学生自身がインターネット上から簡単に探し出せる時代となった。米国の大学における教育内容の変化のみならず、同国内の社会変化や同国の国際社会の動きとのつながりに目を配り、日米の教育プログラムの差を埋めるような基礎的知識を出発前に与えることによって、恐らく日本から送り出す学生は現地の教育により円滑に移行することができる。そのような教育活動は、事前準備の一環だと捉えられないだろうか。筆者は先住民研究者であるために、先住民族についての教育内容の日米間の差に気づいた次第だが、恐らく日本からの留学生が事前に聞き知っておくべきトピックは他にも存在する。そして、日米両国と国際社会の全てが絶え間なく変化する点を考慮すると、留学準備に資する事前教育の方法や内容は、少なくとも定期的に見直されるべきだと筆者は考える。

COILの概要

本稿執筆時点では、国内外の大学においてCOIL（Collaborative Online International

Learning)、即ちオンライン上での海外の大学との交流を取り入れた授業、が促進されている。そして、筆者の担当授業でも、実験的にCOILを取り入れた授業を実施した。この項では、二〇二一年度の取り組みを参考例として紹介する。Cultural Revitalization and Community Building: Learning from Indigenous Peoples in North Americaと題されたこの科目は、全学共通科目として開講されており、学内のどの学科に所属する学生でも受講することができる。また、授業は英語で実施しているため、英語で開講されている学科やコースで学ぶ学生や、留学生、そして英語圏への留学を控えた学生など、多様な背景を持つ受講生が参加している。なお、二〇二一年度秋学期には、この科目はオンデマンド教材とビデオ会議システムを利用したディスカッションを組み合わせてオンラインで開講され、新型コロナウイルス感染症の世界的な流行によって日本に入国できなかった学生が参加する様子も見られた。

筆者は、まだ英語力に自信のない学生を対象として、日本語を教授言語とした北米地域の先住民族に関する基礎科目（「文化復興と民族：北米先住民の現在」）も、別途担当している。その科目を履修して基礎的な知識を身に付けた上で、右記の英語開講科目を履修することもできる。英語開講の科目では、授業で使う動画には字幕のない長編のドキュメンタリーを選んでいる。一方、日本語開講の授業では、日本語で書かれた書籍を用いるほか、動画を見せる際にも、ニュース番組のように比較的短時間の動画、かつ可能な限り日本語字幕つきのものを利用している。よって、仮に両方の科目を履修したとしても異なる資料に触れられる上、日米で発刊された書籍において一つの事項が違った角度から取り上げられている様子を、受講生が体感できる仕組みとなっている。さらに、英語開講の科目では、英語圏の大学において最も広く使われる先住民研究のテキストを教材に指定し、一部の章を取り上げて詳しく解説している。留学先の大学で類似した授業を履修する場合には、同じテキストを使う可能性が高いため、学生は落ち着いて授業に取り組めるのではないかと考えている。

講演と質疑応答を担当してくれたのは、エドワード・ハミングバード氏である。ハミングバード氏は、米国内務省インディアン教育局が運営する短期大学である、ニューメキシコ州アルバカーキ市に立地する南西部インディアン高等専門学校（Southwestern Indian Polytechnic Institute, 以下、ＳＩＰＩ）に、教育内容の分析を担う専門職員として勤務している。さらに、先住民族チェロキーの一員であるハミングバード氏は、先住民アートに関する深い知識を持ち、講演や執筆、展示活動の実践を続けている。筆者は一〇年近く前に米国都市部の先住民に関する調査の一環としてＳＩＰＩを訪問した際、ハミングバード氏と知り合った。その後も折に触れて、筆者がＳＩＰＩで講演したり、研究にまつわる意見を交換したりする形で、交流を続けてきた。

新型コロナウイルス感染症の世界的な流行に伴って、オンライン授業を可能とする技術は飛躍的に向上した。ハミングバード氏をアルバカーキから東京に招待することは容易ではなかったが、オンライン会議システムを利用することにより、遂に同氏に授業でご講演頂くことができた。なお、講演と質疑応答に加えて、上智大学の学生とSIPIの学生の交流会の実施も検討したが、日米両国において新型コロナウイルス感染症の影響によるキャンパスの入構制限やスケジュールの変更が生じ、調整が難しかったため、二〇二一年度内の実施には至らなかった。

COILの具体的な内容

コース全体のスケジュールと、ハミングバード氏の講演の位置付けは、次の通りである。


九月、一〇月：米国の先住民に関する基本的な内容を学ぶ。

一一月：寄宿学校の歴史や、先住民族が運営する大学の現状など、先住民と教育に関する内容を学ぶ。

ハミングバード氏が事前録画した講義ビデオを学生が視聴する。

一二月：オンライン会議システムを利用して、ハミングバード氏と質疑応答を行う。
一月：現代の先住民によって実践されている文化やコミュニティの復興活動についてさらに広く学ぶ。

東京とアルバカーキの間には一六時間の時差があり、授業の開講時間はアルバカーキの夜間に相当した。そのため、講師の負担を軽減するために、講義は事前録画をオンラインで公開する形式とした。講義ビデオの長さは五〇分で、学生はビデオ視聴後に、講師に対する感想や質問を提出した。この授業は英語で開講されているため、日本語への通訳や字幕は利用していない。

講義ビデオで、ハミングバード氏は、先住民アートの歴史や文化的意義を、先住民の現代アートに着目しながら解説し、いくつかの作品を詳しく紹介した。それらの作品は、ＳＩＰＩの設立五〇周年を記念し、同校のキャンパス内で開催された特別展の展示作品の中から選ばれた。受講生は様々な学科に所属しているため、前提とする知識や関心も多様であり、講演への感想やハミングバード氏への質問の内容も多岐にわたった。例えば、先住民の歴史的な体験とアート作品のテーマの関連性や、作品の展示や保管を通じた非先住民社会との関わりなどに興味を示した学生がいた一方で、アート作品の制作過程や技法、そして先住民女性アーティストの現状について尋ねた学生もいた。いずれの質問においても、講演の内容や、講演の前に授業で扱った事項を十分に理解し、それらに対して関心を抱いている様子が見受けられた。

講演の中でハミングバード氏は、「先住民の過去の姿ではなく、現在の姿を知ること」と、「先住民を抑圧や搾取による犠牲者としてではなく、植民支配の厳しい時代を生き抜いたサバイバーとして理解すること」の重要性を強調した。筆者の授業でも、現代に生きる先住民の人々の中でも、特に若い世代が生き生きと活躍する動画を選び、教材として利用している。二〇二一年度の授業の中では、若手の先住民監督が制作した短編ドキュメンタリー映画を視聴したり、先住民の若者が、サーフィンやスケートボードといったファッショナブルなスポーツを、娯楽として楽しむのみならず、プロとして極める様子を示した動画を取り上げたりした。もちろん受講生はそれらの映画や動画に驚き、感銘を受けたようであった。しかし、自身が先住民族チェロキーの一員であるハミングバード氏から専門的な講義を受けることは、受講生にとって映画や動画よりもさらに大きな学びの機会となったに違いない。

過酷な時代を生き抜いた上、現在まで続く偏見や差別、歴史や社会構造に基づいた経済的不均衡、資源開発の引き起こす健康被害などに苦しむ先住民族の力になりたいと考えること自体は素晴らしい。ところが、主流社会の人々が先住民の人々の意思や意向を確認したり、先住民の専門家やリーダーを尊重したりすることを怠ったまま、一方的に物事を決めてしまうことは避けなくてはならない。なぜならそのような行為は、仮に善意に基づいたものであったとしても、先住民族の自己決定を妨げる危険性があるからである。さらに、先住民族を「保護」するという考え方も、彼らを無力化し、主流社会のコントロール下に位置付ける事態を生じさせ得る。この授業を通じて、受講生が、専門知識を有し、自己決定権を備え、現代を共に生きる人々としての先住民の姿を理解してくれたことを願っている。

米国の大学で教壇に立つ日本人研究者との交流

この授業には、ハミングバード氏の講演と質疑応答に加えて、米国の大学で活躍する日本人研究者とオンラインで質疑応答を行う機会が設けられた。一二月の授業の一環として、英語で学生の質問に応じた榊原千絵氏は、アラスカ先住民の環境と文化や社会に関する研究を軸として、日本を含めた国際比較にも取り組んでおり、シラキュース大学（二〇二一年秋学期においてはオーバリン大学）の教員を務めている。また、榊原氏はハミングバード氏と長く交流があり、SIPI設立五〇周年記念展示のカタログも、ハミングバード氏と共同執筆した。なお、榊原氏は、二〇二〇年度にも上智大学のオンライン講演会で講演し、受講生の数名はその講演会にも参加した(5)。

授業時間は榊原氏の居住する地域の深夜に相当したが、質疑応答はビデオ会議システムを利用して実施された。ハミングバード氏との質疑応答の際と同様に、事前に学生から寄せられた質問は多様であった。例えば、米国の大学における先住民アートや音楽に関する授業の内容、先住民文化と他の諸文化とのアートや音楽の分野での交流や融合、新型コロナウイルス感染症の流行が先住民アートや音楽に与えた影響、などの質問が挙げられた。さらに、榊原氏が好きなアーティストの作品を見たいという学生からのリクエストに応えて、同氏は様々な作品を画面に表示したり、動画や音声を流したりしながら解説し、学生達はその話に聴き入っていた。

筆者は先住民アートや音楽についても多少の知識はあるが、社会運動の歴史や国家との関係性といったトピックと比較するとそれ程詳しくはない。そのため、ハミングバード氏と榊原氏の講演や学生との質疑応答は、授業で充分に解説できなかった情報を学生に伝える機会ともなった。ＳＩＰＩのような先住民教育に特化した高等教育機関はもとより、先住民研究の学科やコースを備えた大学には、先住民研究を専門とする教員が複数在籍する。複数の教員がいれば、ある教員は国家による先住民政策、他の教員は先住民の宗教など、分野別に担当を分けることができる。もしくは、アラスカ、米国南西部、米国北東部といったように、地域別に担当を分けることもできる。しかし、日本国内の多くの大学では、筆者のように、一人で全てを担わなくてはならないため、どうしてもカバーできないトピックが生じてしまう。ＣＯＩＬは、学生が米国で展開される大学教育の一端を垣間見る機会となると共に、日本国内では手薄な分野の授業の内容を補完する役割も果たし得る。

さらに、榊原氏の研究教育活動を事例として、学生は、日本で生まれ育ったり、日本に暮らしたりする人々も、米国の先住民族を支える活動に参加できることを学んだ。榊原氏は、先住民研究の分野で評価の高いオクラホマ大学で博士号を取得し、およそ二〇年にわたってアラスカの先住民コミュニティを繰り返し訪問してきた。特定の研究プロジェクトが完了すれば現地を再訪しない研究者も多い中で、コミュニティと長期的な関係性を結ぶことを約束した上で研究を進める榊原氏に対して、現地の人々が厚い信頼を寄せていることは、授業の内容からも伝わってきた。先述した通り、先住民の人々が、自らの意思やリーダーシップに基づいて物事を進めることは重要である。一方、先住民族の一員として生まれなかった人々も、先住民族の理解者となり、彼らのサポート役を務めることによって、先住民文化や社会の復興に寄与することができるのだ。これまで筆者が接してきた学生の意見を思い返しても、国内外の先住民族をサポートしたいが、具体的な方法が思い浮かばないという声は多かった。筆者も米国メキシコ国境地域の先住民コミュニティを訪問しながら研究を進めてきたが、担当教員の体験談のみでは十分なイメージが湧かない学生は少なくない。榊原氏は、先住民族にまつわる事項に関心を持つ学生にとって、ロールモデルとなる研究者である。日本に縁のある人物でなくても構わないが、本人が先住民でない研究者を授業に招くことで、受講生に先住民族との協働や共生を考える機会を提供し得る。

COILを通じて考えるグローバル教育

二〇二一年度に筆者が実施したCOILの概要は以上の通りである。米国に留学する学生であれば、この授業やCOILを通じて学んだ知識は、留学中の何らかの場面で役に立つと考えられる。しかし、COILの方法や教育効果を考えると、二〇二一年度の取り組みが完全なものとは言い難い上、グローバル教育全体に対する問題点も見えてきた。米国では学ぶことが当然となりつつある先住民族に関するトピックを教えないまま留学生を送り出しているという問題については、これまでの部分で詳しく述べた。本章では、現時点で筆者が考えるその他の課題を三点にまとめたい。

・マイノリティ学生の教育を担う機関との連携強化は可能か

ＣＯＩＬは、授業内容を充実させる方法としてのみならず、大学間の連携強化を目的として実施されることも考えられる。そして日本の大学の多くは、共同研究や交換留学プログラムの実施が可能である大学、そしていわゆる世界の大学ランキング上位に位置する大学との連携強化を願っていることであろう。米国内には先住民学生の教育に特化した機関は多い。高等教育機関に限ったとしても、三〇を超える機関（Tribal Colleges and Universities, 以下、ＴＣＵ）が存在する。本章で取り上げたＳＩＰＩは米国内務省が運営するＴＣＵであるが、過半数のＴＣＵは先住民族によって運営されている（Mizutani 2019）。ＴＣＵも無論大学としての認証評価を受けており、機関によっては比較的高い研究力を備え、大学院教育も実施している。ただし、大学の規模や留学プログラムを通じた学生交流の可能性を考慮すると、日本の大学の連携先としては選ばれにくいことだろう。

米国には、マイノリティ学生の教育に特化した高等教育機関（Minority Serving Institution, 以下、ＭＳＩ）は、ＴＣＵの他にも多数存在する。それらの大学のグローバル化推進には配慮や支援が必要であることは、恐らく連邦政府も把握しており、状況の改善を目的とした対策を講じている。例えば、米国と世界各国の学生や研究者の交流事業であるフルブライト・プログラムのうち、米国の高等教育機関が外国人研究者を招聘するための助成金の募集要項には、MSIは歴史的に国際交流プログラムに参加できる機会が少なかったために、優先的に採択されると明記されている。[6]そのような米国側の動きに、日本の大学や研究者が応じ、より多くの人々を包摂するグローバル教育を展開していくことはできるのだろうか。

また、マイノリティは民族的な少数者に限定されない。主流社会に属する社会的な強者のみが交流するグローバル教育は、米国や日本に関する偏ったイメージを増幅させる装置ともなり得るという危機感を筆者は感じるようになった。

・大学以外の機関との連携強化は可能か

先住民族の歴史的経験や社会構造を考えると、COILなどグローバル教育に関連するプログラムの連携先が大学に限定されてよいのか、という疑問も生じてくる。前述の通り、先住民族は教育の場から排除されてきた。現在では自身が先住民である教員の数も増え、「先住民に関する研究」と「先住民の観点から捉えた諸学問」の両面において、多くの大学で様々な研究教育活動が展開されている。しかし、そもそも知識や専門性は、いわば西欧の価値観を多分に反映した教育機関に属するものとは限らない。ＣＯＩＬを、日本の大学と海外の大学をつなぐ教育活動として位置付けてしまうと、大学に所属していなかったり、学位を持っていなかったりするものの、極めて高い専門性に基づいた実践活動をしている識者から学ぶ機会を逃してしまう。

例えば、自身も先住民であり、歴史学の研究者として数々の著名な大学の教壇に立ったドナルド・Ｌ・フィキシコは、有能な米国先住民の人物や先住民の持つ知性は、先住民研究の枠組みの内部に限っては評価されてきたものの、米国の学術界全体の中では無視されてきたと主張した。さらにフィキシコは、数々の先住民の天才や、先住民の価値観に基づいた知性は、先住民コミュニティの中に存在してきたことや、先住民コミュニティでは年長者が知識を持つ者として尊敬されてきたことを指摘した（Fixico 2003）。筆者も、過去二〇年程の間に繰り返し先住民コミュニティを訪問する中で、様々な知識を持つ先住民の人物に何名も出会ってきた。一部の人々は大学や大学院に進んで学位を持っていた。しかし、自らの住むコミュニティの抱える問題を解決するために、独学で高い知識を習得し、実践している人々もいた。

それでは米国の先住民に関する授業では、大学に所属する研究者以外にどのような人々と連携できる可能性があるだろうか。まず挙げられるのは、先住民の人々が組織する政府で働く専門家である。米国領土内の先住民族と連邦政府の関係性は地域によって異なるものの、基本的には一定の自治権を有した民族の政府が存在し、連邦政府との間に「国家対国家（nation-to-nation）」としての関係性が保たれている。ハワイ先住民のように、右記の関係性がない場合でも、先住民にまつわる様々な事柄を扱う組織は存在する。そのような民族の政府や組織には、政治的もしくは経済的な事項はもちろん、文化や言語、教育などを扱う部門も備えられており、高度な知識や技能を有する先住民の職員や、民族に雇用された非先住民の職員が勤務している。

次に挙げられるのは、博物館や美術館、図書館といった施設で働く職員である。先住民文化や社会に関する資料を収蔵している機関は少なくない上、近年の米国内では、先住民族が博物館を設立し、自らの観点から歴史や文化を研究、展示したり、民族にとって大切な文化財を収蔵物として保管したりする活動も盛んである。博物館、美術館、図書館のような施設は、教育的なアウトリーチ活動の実践において優れた業績を持つことも多いため、講演やワークショップを提供してもらう形でのＣＯＩＬは十分実現可能であると考えられる。

・日本の大学が提供するグローバル教育に参加する学生の多様性が十分に把握できているのか

日本の大学におけるグローバル教育の一環として米国の先住民族に関する授業を開講する場

合、受講生が国内外の先住民族の一員である可能性を常に考慮に入れておく必要がある。そして、日本は、国際的に見ても先住民政策や国内外の先住民族に関する教育が進んでいるとは言えず、先住民族への偏見が強いことを考えると、学生が先住民としてのアイデンティティを積極的に周囲の学生や教職員に見せないことも多いだろう。東京に立地する上智大学に限って考えてみても、大学進学のために全国各地から上京する学生はもちろん、東京都内で生まれ育つ学生もいることが考えられ、他人事として考えることはできない。授業の内容をまさに自分事として捉える受講生がいることを、教員は想定しておくべきではなかろうか。

筆者が執筆し、二〇一九年に発表した論文にも示されている通り、米国先住民の大学生のうち、留学プログラムに参加する学生の数はそれ程多くない。しかし、米国からの留学生という枠組みの中には、当然のことながら米国先住民の学生も含まれており、自分自身の担当する米国先住民に関する授業を受講していることもあるという気づきは、筆者にグローバル教育全般に対する新たな視点をもたらした。例えば筆者は、「日本人として海外に留学する時に」「(自文化である)日本文化を海外で紹介する際に」「留学先では、日本の代表として」といったような言葉を口にしてしまったこともあった上、同じような表現を留学や異文化理解に関するテキストでも見かけることがあった。しかし、日本国内の先住民族の一員であったり、日本以外の国にルーツを持っていたりする学生などがこのような表現を見聞きすれば、疎外感を感じるかもしれない。グローバル教育は、それに関わる人々に居住国や国籍を基にしたステレオタイプを押し付けるのではなく、個人としての個性や多様性を踏まえた形で議論され、実践されていけばよいのではないかと、筆者は考える。

おわりに

日本国内の教育機関では、比較的短期間のうちに、グローバル教育を扱う部門の立ち上げが進んだ。それらの部門の立ち上げを支えたのは、ある程度の外国語能力や留学経験、もしくは海外でのフィールド調査の実績を共通点として持ちながらも、それぞれが異なる学術分野を専門とする教員の小さな集団であった。その中には教育学や異文化コミュニケーション、外国語教育など、グローバル教育に直結する領域を専門とする教員も含まれていたものの、筆者も含め、それらの分野以外を専門領域とする教員は少なくなかった。本章で紹介した筆者の実践例や、筆者が感じるグローバル教育にまつわる課題は、極めて平凡なものではある。しかし、グローバル教育の黎明期に、筆者というグローバル教育の専門家ではない教員が、学術的な理論に基づいて導き出したのではなく、できることを日々積み上げた事例として、記録に残しておきたいと思う。

筆者が上智大学でグローバル教育に携わるようになって、この本が出版される頃にはちょうど一〇年になる。その間には、数えきれない程の失敗を重ねてきた。当初は前例というものがそもそも存在せず、業務を分担できる教員の数も限られていたため、自分自身で試行錯誤を繰り返す以外に仕事を進める方法がなかったことも、数々の失敗の理由ではある。しかし、大学に貢献しようとする気持ちが空回りして、浅い知識しか持たない分野やトピックに不用意に手を出し、結果として生じた問題に対処し切れなかったことが、さらに大きな原因だったように思う。いかなる分野の研究もグローバルな課題とつながるのであるから、自分の研究を強みとした実践方法は恐らく存在するし、実践の形は他の教員と同じでなくてよい。一〇年前の筆者自身にアドバイスを求められたならば、自分の研究の専門領域である北米先住民研究を核として、そこから徐々に手を広げる形で独自の教育実践のあり方を探ることを勧めると思う。要するに、自分の研究とグローバル教育がバランスよく両立する距離を探り、研究者や一個人としての自分とグローバル教育が現実的にうまく付き合っていける方法を見出すことが、現場に留まり続ける上で重要だと筆者は考える。先の項にまとめた通り、そのような方法を通じても、留学を目指したり世界について学んだりすることを望む学生に有益な教育を提供することはできるし、学内外のグローバル教育に資する知見を得ることもできる。私が現場での実践的な活動を通じて体得した知識の全てを言語化することはできないが、少なくともその一部を、グローバル教育にまつわる議論の叩き台として提示したい。

［注］

（1）Urban Indian Health Institute. "Urban Indian Health," https://www.uihi.org/urban-indian-health/. Accessed 25 Jan. 2022.

（2）Murphy, Jami. "Technology Specialists Help Advance Cherokee Language." *Cherokee Phoenix*, 11 Mar. 2013, https://www.cherokeephoenix.org/culture/technology-specialists-help-advance-cherokee-language/article_bca8e769-5bed-54cc-9529-5657fabb7b58.html.

（3）UNESCO. "Indigenous Languages Decade." https://en.unesco.org/idil2022-2032. Accessed 22 Oct. 2022.

（4）日米教育委員会「アメリカにおける留学生の統計」https://www.fulbright.jp/study/directory/basic.html（閲覧日：二〇二二年一〇月二二日）

（Institute of International Education の出版する *Open Doors 2021* の内容を、日米教育委員会が分析。）

（5）講演では、二〇二〇年に出版された榊原の著書（Sakakibara, Chie. 2020. *Whale Snow: Iñupiat, Climate Change, and Multispecies Resilience in Arctic Alaska*. Tucson, AZ: University of Arizona Press, 2020.）の内容が紹介された。本の内容は、日本語の書評（水谷裕佳「現代アラスカにおけるイヌピアットの人々にとっての捕鯨の社会文化的意義　Chie Sakakibara 著 *Whale Snow: Iñupiat, Climate Change, and Multispecies Resilience in Arctic Alaska.*」『アメリカ・カナダ研究』三九、二〇二二年、六五－六八頁）を通じて知ることができる。

（6）U.S. Bureau of Educational and Cultural Affairs, Exchange Programs. "Fulbright Scholar-in-Residence Program." https://exchanges.state.gov/non-us/program/fulbright-scholar-residence-program. Accessed 25 Jan. 2022.

■主な参考文献

Crazy Bull, Cheryl. "Why Give an Indigenous Land Acknowledgement (and How to Make It Better." blog of American Indian College Fund, 4 Dec. 2020, https://collegefund.org/blog/why-give-an-indigenous-land-acknowledgment-and-how-to-make-it-matter/

Fixico, Donald L. *The American Indian Mind in a Linear World: American Indian Studies & Traditional Knowledge*. New York and London: Routledge, 2003.

Haigh, Susan. "Push for Native American Curriculum in Schools Makes Gains." *AP News*, 14 Sept. 2021, https://apnews.com/article/education-race-and-ethnicity-racial-injustice-laws-connecticut-f6a9eb4604f5deab2d37b280dc557e9a.

Hoeft, Olivia. "Honoring Indigenous Communities around the World." The Keyword (the official blog of Google), 1 Nov. 2021, https://blog.google/outreach-initiatives/diversity/honoring-indigenous-communities-around-world/.

Jones, Nicholas, Rachel Marks, Roberto Ramirez, and Merarys Ríos-Vargas. "2020 Census Illuminates Racial and Ethnic Composition of the Country." U.S. Census Bureau, 12 Aug. 2021, https://www.census.gov/library/stories/2021/08/improved-race-ethnicity-measures-revealunited-states-population-much-more-multiracial.html.

Mizutani, Yuka. "Native American Underrepresentation in International Education." *The Journal of American and Canadian Studies*, vol. 36, 2019, pp. 63–86.

Prucha, Francis Paul. *The Great Father: The United States Government and the American Indians*, abridged ed. Lincoln and London: University of Nebraska Press, 1986.

第七章　環境をテーマとした多文化共生と学融合の実践
――SAIMSプログラムの意義と学修成果可視化への課題

杉浦　未希子

Sophia AIMSプログラム（SAIMS 二〇一三年～）は、文部科学省平成二五年度「大学の世界展開力強化事業」として採択された、英語による教育プログラムの一つである。国際教養学部、理工学部、総合人間科学部、外国語学部など六つの組織が横の連携でプログラム内容を練り上げた。グローバル教育センター（成り立ちについては「序にかえて」や廣里等の章を参照）は、分野や組織間の堅実な連携の恩恵を受けつつ、このプログラム実施を経験の一つとして成長した。

筆者は、このプログラムが、教職一体による産みの苦しみを経て採択されたあと、プログラムを執り行う専任教員のひとりとして本学に着任した。専任教員は、本プログラムのテーマに沿った英語による講義（全七科目新設）の実施、フィールド型環境ゼミナール（後述）との連携に加え、ASEAN地域からの学生受入れと本学学生の派遣にかかわる業務を担当した。

教育分野ではなく水と環境を研究対象とし、かつプログラム内容の検討段階では不在だった筆者は、プログラム自体の是非について語る資格を本来持たないだろう。他方、着任後の四年間は、試行錯誤と新たな挑戦の連続であり、成長していくプログラムに様々な喜びや具体的な課題を見出しうる立場であった。これは、教員として僥倖であったと思う。

この章では、右のようなグローバル教育センター教員の立場から、同プログラムの成長と課題について振り返り、今感じていることを共有したい。

多様性の調和を目指す学融合型の人間開発教育

このプログラムの最大の特徴は、「ヒト」を起点とし、かつ分野横断的である点にある。そして、この二つの特徴は、日本の五倍の人口と、民族・言語・宗教の多様性を抱えながら地域統合を図るASEANという舞台の特性をおおいに活かした結果ともいえる。

始まりは、既存のASEAN多国間プラットフォームへの、日本政府による選抜・推薦を受けての参加であった。他方、それを奇貨として同プログラムが目指したのは、動的で相互作用的なものであった。つまり、人・社会の「多様性」と「流動性」を触媒とした「共生」という化学反応である。この「ヒト」を起点とした人間開発（ヒューマン・ディベロップメント）への関心は、特に次世代リーダーの育成に向けられた。多文化共生と多様性の調和に向けた、ひとりひとりの学生の成長のみならず、彼らが互いに刺激を与え合うことによる、持続可能な未来に向けた次世代リーダーの育成やプラットフォームの形成が目指された[1]。また、その長期的な目標の達成には、複眼的な視点の醸成、問題発見型・学生参加型のアプローチ、分野横断的な協働と学融合が望ましいとされたのであった。特に、持続可能な社会の構築を地域レベルで検討する際には、分野や立場を超えた協働が不可欠である（Moallemi, E. A. et al. 2020）。

テーマとして、「環境」が選ばれたのは、このような二つの特徴（ヒトを起点とした動的・相互作用的な人間開発の視点と、分野横断的な協働への志向）を持つアプローチこそ、ヒトと自然の複層的な関係を学ぶにふさわしい、と考えられたからであった。具体的には、「ヒューマン・エコロジー：社会と自然の多様性と連結性」がテーマとして設定された。

このような特徴を持つＳＡＩＭＳだが、そもそもＡＩＭＳという多国間プラットフォームとはどのようなものか。日本が参加する前後を時系列で概観しよう。

本学を含めた一一大学七プログラムが採択され（二〇一三）、日本政府の推薦を受けて、東南アジア諸国連合を中心とした高等教育機関の枠組み（AIMS：ASEAN International Mobility of Students Programme）に、いわば胸を借りる形で参加を開始したのは二〇一四年であった。二〇〇八年のリーマン・ショックの影響から、実質GDP成長率を大きく下げたASEAN加盟国だが、世界人口の八・六％という、経済統合体の中で最多人口を抱える潜在力を強みとして、二〇一〇年以降は緩く持ち直し、経済活動のみならず教育分野においても堅調な動きを見せた。

AIMSはまさにその上向きの動きの良例といえる。世界経済危機からの回復基調時にスタートし、アジア全体を視野に入れた教育の多国間プラットフォームとして順調に成長してきた。二〇〇九年、パイロットケースがM－I－Tと呼ばれる三国（マレーシア・インドネシア・タイ）で始まり、二〇一二年には参加国が拡大、名称はM－I－T学生モビリティプログラムからASEANを冠した名称AIMSに改められた。さらに、日本（二〇一三）、韓国（二〇一六）と東南アジア以外からの参加が続き、二〇一八年には今後の活動拡大を見越して、AIMSのAをASEANからAsianに変更した。二〇一九年までに、参加国は九カ国、加盟大学数は七八大学となり、四九五〇人以上の学生がこのプログラムを利用してアジアを活発に移動した。

日本国が参加したのは、この道程の比較的早い時期であった。これは、リーマン・ショック後の、ASEAN域内の人の移動というダイナミズムと連動するうえで絶好のタイミングだったといえよう。残念ながら二〇二〇年には新型コロナウイルスの影響で、ＡＳＥＡＮ加盟国を含むアジア各国の実質ＧＤＰは、程度の差こそあれふたたび落ち込んだ。また、人の移動が大幅に制限されたため、半年という短い期間の交換留学を主とするＡＩＭＳは、プラットフォーム全体で大きな課題に直面することになった。

このように、直近の数年は経済と社会の動きに翻弄されるＡＩＭＳではあったが、目的は終始一貫している。ＡＳＥＡＮ域内においては、多様性を育成する統合的なコミュニティの形成、他方、域外との連携においては、高等教育機関の国際化である。一学期間の短期交換留学を主な手段として、グローバル市民としての資質、特に異文化対応能力の醸成を目的とする。ちなみに、主催者は、東南アジア教育大臣機構（SEAMEO：Southeast Asian Minister of Education Organization）である。

このように、本学のＳＡＩＭＳは、ＡＳＥＡＮの多様性・ダイナミズムと同調しつつ、ＡＩＭＳの統一的な意図と歩調を合わせる形で、「ヒト」の成長、すなわち「人間開発」を謳って開始した（正式事業名：多様性の調和を目指す学融合型の人間開発教育プログラム）。ダイバーシティ・インクルージョンの実装が切望される日本の状況、ＡＳＥＡＮの地理的な距離の近さと現在進行形の多様性、さまざまなレベルでの国際協力により整った対日環境など、学びのための条件が揃った幸運なスタートだったといえるだろう。

成果と課題

このプログラムは二〇一七年度で助成期間は終了し、事後評価において「事業計画どおりの成果をあげており、事業目的は達成された」としてA評価を受けた。二〇一三年の立ち上げから尽力してきた教職員にとって、愁眉を開いた瞬間であったと思う。「ヒト」に焦点を当てたアプローチは、近年注目されるUNESCOの「教育と環境に対するHumanistic Approach」（二〇二〇）の一端を、先んじて実践したとも評価しうるのではないか、と個人的には考えている。なお、公の事後評価結果は、他の採択校と同様、日本学術振興会のホームページで、派遣・受け入れ学生数・提携先大学などプログラム概要は文部科学省のホームページ等で公開されているので、詳細はそちらを参照してほしい。SAIMSは、助成終了後の二〇一八年度以降も、交換留学プログラムの一つとして学内予算により継続実施されてきた（二〇二二年現在）。

以下では、二〇一四年からこのプログラムの現場に携わった教員として、卓越した成果と思われる諸点および今後の課題をいくつか整理し共有したい。

教育における学融合の「見える化」

成果の一つ目は、分野横断的な協働の「見える化」である。近年、学際 inter-disciplinary や学融合 trans-disciplinary は、実務・学術の両面において必須のアプローチと謳われるようになった。

実務における代表的な動きが、二〇一六年から世界的に取り組みが始まったＳＤＧｓ（持続可能な開発目標）である。貧困撲滅を経済成長アプローチから切り離すＭＤＧｓの路線を継承しつつ、その実効性を確保するには、複層化する局面に対応した複眼的な視点やアプローチが必須となった。開発主体の多様化とステークホルダーの増加、八から一七に増えた目標数、先進国にも顕著な国内格差の拡大、特に近年注目を集める地域性と多様性の視点など、現実の複雑さは、経済・社会・環境を三軸とした旧来モデルで対応可能な範囲をはるかに超えている。

右のような状況に呼応して、学術界においても、ＳＤＧｓが掲げる「持続可能な開発」に対して学融合のアプローチで臨むべきである、という強い認識がある。そもそも「持続可能な開発」は、「成長」と「環境」の緊張関係を内包する概念である。社会主義への強い忌避感と、自由主義経済による現実的不都合の間を、振り子のように政治が揺れる過程の中で、この概念は一九七〇年代に誕生し、一九八七年に Brundtland Report を体現する言葉として世に出てきた。一九七四年のココヨック宣言以降、一連の政治的な動きの中で「成長」そのものを問い直す勢いが失速し、「成長」と「環境」の相剋は、「社会問題・環境問題の解決のために必要な成長」という言説の中で見えなくなっていった。このような状況のもと「持続可能な開発」が所与の善とされることに懐疑の念を保つことは、旧来のモデルでは収まりきらない地域性や多様性といった課題に対応することを可能にするだろう。また、研究で得られたこのような視点は、教育においても学生に伝えられる必要があろう。ＥＳＤ（持続可能な開発のための教育）でも、ＳＤＧｓ間に時として緊張関係を生む相互関連性へ留意し、持続可能な開発そのものについて慎重に検討する必要性や（永田 二〇二〇）[2]、サステナビリティそのものを批判的に捉える余地を残すグローバル市民性教育との区別の重要性が指摘されている（小松 二〇二一）。

これまでも、研究面における分野横断的な協働、具体的には学部学科や既存のディシプリンを超えての連携による研究活動は、学内外において積極的に行われ、優れた成果を出していた。そのような先駆的な学際・学融合の動きを、ＳＤＧｓへの取り組み開始にほぼ同期させながら、教育においても構想し「見える化」したことはＳＡＩＭＳの注目すべき成果ではないか、と考えている。筆者は前述のように立役者ではないが、構想当時の活発なミーティングの様子を、着任後に折に触れて関係者から聞き知った。また、助成期間中に杉村美紀先生よりＳＡＩ

MS必須科目TDHD（後述）のコーディネーターを引き継いで以降、教育における学融合の価値と今後の可能性を一層感じた。

ところで、この必須科目TDHD「学融合型人間開発」入門（Introduction to Trans-disciplinary Human Development）は、SAIMSで新たに新設された七講義科目のうちの一つで、必須科目として中心的な位置付けにある。それ以外の六科目（推奨科目）や後述するフィールド型環境ゼミナールと同様、SAIMS生のみならず本学に在学する全ての学生が履修可能とされた。TDHDは、人文科学・社会科学・自然科学の範疇を超えて「ヒト」にアプローチする視点を共に学ぶ場であるとともに、本学と海外を行き来する学生の動線が交差する空間でもあった。講義は輪講形式で行われ、その内容は、学融合型教育プログラムに参画した教員の専門により多岐に渡った。生物分子科学、政治生態学、流域環境科学、河川・水資源管理、文化人類学、ESD、国際比較教育、環境保全・植物生態学、生態水文学である。最後の二つは、他学の講師によって担われた。

学融合のプラットフォームといえるこのクラスは、一年に二回、全学共通科目（通常の教養科目に相当）として開講された。各学期の受講者数（二〇名から五〇名前後）のうち約三分の一から二分の一をSAIMSの学生が占めた。彼らは一般学生と一緒に輪講を受講した後、グ

写真１　グループワークの風景（筆者撮影）

ループに分かれ、最終プレゼンテーションに向けて輪講担当者のアドバイスを受けながら準備を行った（**写真１**）。最終プレゼンの方法は、年度を追うごとに改良され、双方向性を強めた。最初の二年間はパワーポイントを使ったプレゼンテーションであったが、その後ジクソーメソッドを用いたポスターセッションへと発展した。ジクソーメソッドは、エリオット・アロンソンによって考案された協同学習方法で、同質な学生ごとに集まる傾向を弱め、グループ内の多様性を確保することに意図を置く。

その具体的な実施内容は様々だが、ここで用いたジクソーメソッドは、以下のようなものである。まず、教室にポスターを掲示する（ポスターステーション）。次に、各グループから一名ずつを選んで新たに混成グループを形成（**図１**）、その後、タイムキー

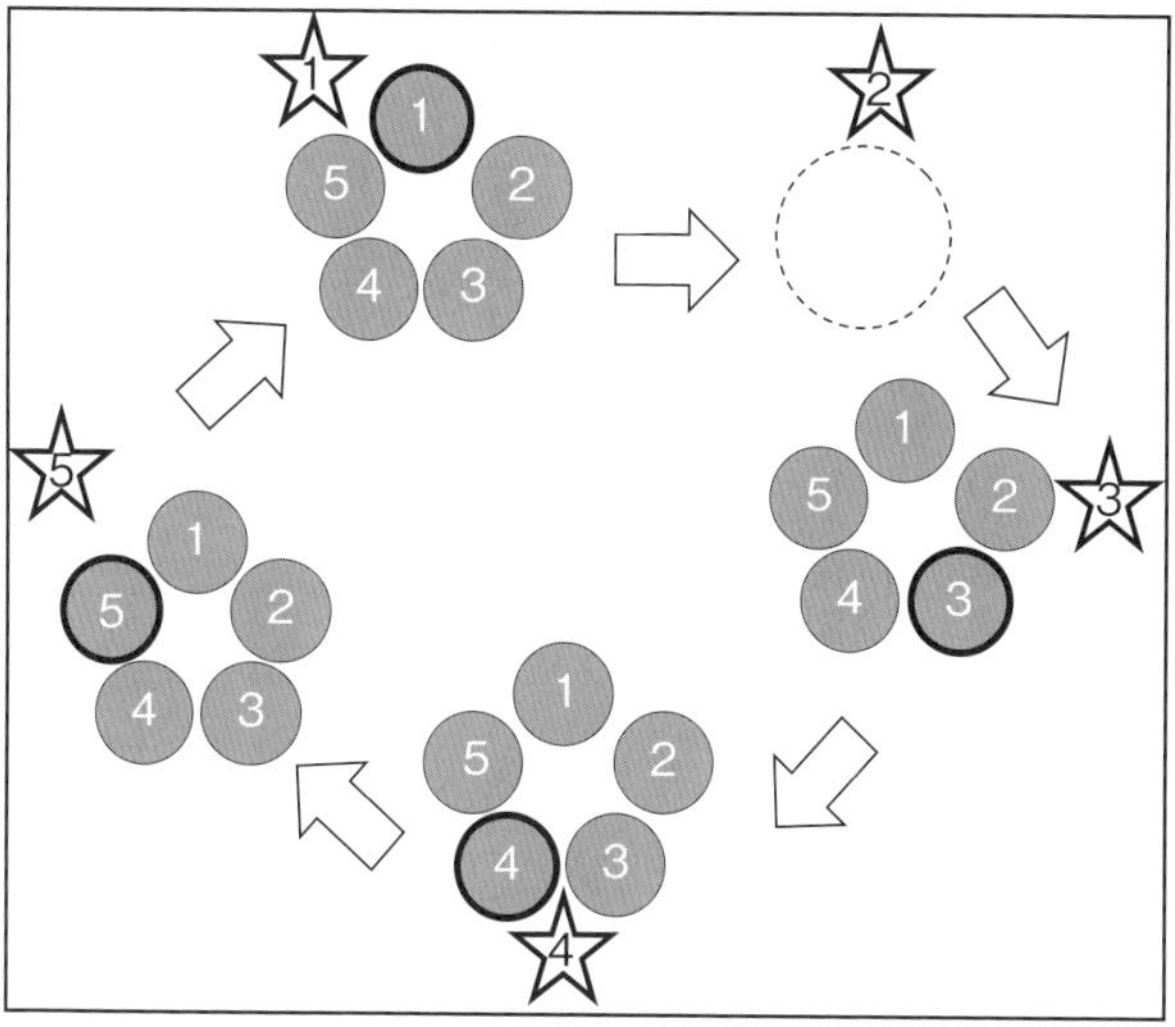

図1　ジクソーメソッド実施時の教室内の配置と学生の動き

円は学生、円内の番号（1～5）は各学生の出身グループの番号を表す。

上記の例の場合、ポスター作成は5つのグループ（4名ずつ）で行われ、発表は各グループから1名ずつ集めてできた新たな4つのグループごとに行う。

星マークはポスターステーション（各グループのポスター位置）で、そのポスターを作成したグループメンバーが説明を行う（太線の円の学生が発表者）。

一定時間経過後、合図で、各グループ同時に右回りに次のポスターまで移動する（グループの作り方によってはグループがいないポスターも生じるが（上記例ではポスター2）、グループが移動して来れば問題ない（移動後はポスター3がグループなしに該当）。

写真2　実際の発表風景（筆者撮影）

パーである教員の合図で、混成グループごとに同時に一つずつ、時計回りにポスターステーションを移動する。混成グループ内には「その」ポスター作成を行った学生が必ずいる算段なので、その学生が該当ポスターステーションでポスターの説明を時間内に行い、他のメンバーからの質疑に対応する。これを、全てのポスターステーションを回り終わるまで、タイムキーパーの指示に従って続ける。この方法によって、全ての学生が発表者と質問者の両方の役目を果たし、視点や立場の入れ替えを行いつつ、全ての発表内容に触れることができる（**写真2**）。グループ内の多様性を確保しつつ、発表者と評価者の二つの立場を体験できるこの方法は、学修成果の評価が難しい分野横断的な学びの相対化には適していると実感された。加えて、メンバーの様々な背景を前提とした共感力やコミュニケーション能力などの非認知的スキルの重要性も認められた（Sugimura 2021）。ただし、事前に明確な学修目標を設定し、学生と共有しておくことが不可欠であるのは言うまでもない。

二〇一九年度は、ＣＯＩＬ（Collaborative Online International Learning）を導入した（より詳しい内容は、小松、水谷、李の章やコラムを参照。この章でも後述）。ＩＣＴを駆使することで、この授業での最終プレゼンテーション方法は一層進化し、それに伴い各教員や学生に求められる作業の種類・質が多様化し、作業量は格段に増加した。最終プレゼンにあたる動画制作の前段階として、グループごとのフィールドワーク・映像の作成・海外の教員による講義動画の視聴を、段階を経つつ行う必要があった。最終的には、自らが製作した映像の共有、海外の学生制作の映像資料の視聴とコメントの交換を行った。問題発見型・学生参加型を体現したこれら一連のワークは、一つ一つは堅実で地味な作業であるため、ややもすると学生に飽きがくる。いかに作業の積み重ねを継続させられるか、は教員側の下準備と技術にかかっているといえる。また、ここでも、学びの多様化にともなう学修目標の設定や学修成果の評価の難しさは、一層明瞭になった。連携先の大学と何を共通の学修目標とするかなど、相手がある以上走り出して初めて調整が必要なことも少なくなかった。

学部学科を超え、様々な専門性を持った教員が、分野横断的に協力するという体制は、その後の本学の教育プロジェクトにも見受けられる。二〇二〇年秋学期、学科横断型プログラム

Sophia Program for Sustainable Futures（ＳＰＳＦ）がスタートした（丸山の章等を参照）。このプログラムは、スーパーグローバル大学創成支援事業により新設された英語による学位取得プログラムで、出願時に選択した学科の専門分野とSustainable Futuresをテーマにした共通科目を英語で学ぶ。共通のプラットフォームで持続可能性についてともに学びつつ、取得する学位は異なるというユニークなプログラムである。

ＴＤＨＤは二〇一九年度をもって発展的に終了した。二〇二〇年以降のＳＡＩＭＳによる留学生は、これまで同科目が担ってきた学融合的アプローチを、学内の先進的なクラスやプログラムに参加することで実践することが期待されている。ＳＡＩＭＳ生がＳＰＳＦのクラスを取れるようにすることで相乗効果を狙えないだろうかと、当時のグローバル推進室担当者とともに、グローバル化推進副学長のもとへ相談に伺った記憶が懐かしく蘇る。新型コロナウイルスによる感染拡大により二〇二〇年度からＳＡＩＭＳ生の派遣・受入れが中断し、残念ながら本稿執筆中の二〇二二年現在、ＳＡＩＭＳ学生とＳＰＳＦ学生との交流は実現していない。今後の化学反応を期待したい。

環境分野への教育アプローチの寄与

成果の二つ目は、教育における「環境」分野への注力・関心定着への寄与である。それまでにも、既存分野ではそれぞれ環境分野への高い関心が示され、「環境」が冠された学科（地球環境法学科・一九九七）や研究科（地球環境研究科・二〇〇五）が新設されていた。理工学部英語コースであるGreen Engineering and Science（GES）も環境への関心の高まりを背景の一つとして二〇一二年に開始した。二〇一四年には、総合グローバル学部も新設され、地域とグローバルの両視点も強化された。他方で、例えば植物生態学や生態水文学など、全学的に生態学分野が手薄であった。環境保全の観点から、文理を問わない全学共通科目として、物質循環、エネルギーフロー、生物多様性といった持続可能性の各柱を、生態学をベースに平易に学ぶ恒常的な機会は少なかったといえる。

SAIMSでは、「ヒト」と「環境」の関係を文理共通の課題として捉え、かつ次世代にとって最も火急な問題の一つであるとし、前述のように「ヒューマン・エコロジー：社会と自然の多様性と連結性」をテーマとして設定した。前述の生態学分野を補強するため、他大より浅枝隆（生態水文学）・露崎史朗（植物生態学および環境保全学）両先生を招聘しご担当いただいた。二〇一六年度より、テーマをさらに水資源の持続可能性に絞った。淡水・海水環境の生態学上の特徴や資源管理の留意点、気候変動と植生変化の関係など、生態学の講義が持つ意味がこれまで以上に重要となった。さらに二〇一九年度は、Sustainability of aquatic ecosystem をテーマとし、「里山・里海」の観点からアプローチした。この里山の視点は、ＴＤＨＤの輪講担当者による共著で研究論文に活かされ、学術誌に発表された（伊藤・杉浦二〇二二）。

特設科目として、前述のＴＤＨＤに加え、道東の釧路・厚岸をフィールドとして人と自然の関係性を学ぶフィールド型環境ゼミナール Human Ecology: Rivers（助成終了後の二〇一八年度〜二〇二二年度は国際教養学部科目）も提供された。釧路川流域の環境変化について、環境史・政治生態学・文化人類学などの複眼的視点から、複雑に絡み合った社会と環境の相互作用を理解する。フィールドでは、現地視察や関係者によるレクチャーに加え、地域住民へのインタビューや現地関係者へのプレゼンテーションなどが企画された。学期期間中の事前学習（知識の修得）とフィールドでの実践的学修を組み合わせた効果的な学修を目指したところに大きな特徴がある。研修期間中には宿泊先で毎晩学生による振り返りとその共有が行われ、その主体的・対話的なアプローチはアクティブ・ラーニングの好例とも評価できるだろう。

ちなみに、先述のＴＤＨＤや Human Ecology: Rivers の他に新設された六科目の内訳は、都市に関する講義が三つ、環境に関する講義が三つであった。筆者はＴＤＨＤのコーディネーター（二〇一五年度より）と輪講担当に加え、環境関連の講義三つ（Conservation, Environmental Science, Sustainable Development）を担当した。これらの環境三科目は、助成期間終了後も、英語による全学共通科目として本学で学ぶ全学生を対象に提供され、前述の理工学部英語コースＳＧＥＳ、学科横断型プログラムＳＰＳＦ、国際教養学部（ＦＬＡ）、総合グローバル学部、法学部、外国語学部などほぼ全学部学科から積極的で優秀な学生を多く受け入れてきた。

教育における「環境」分野への注力は、ＳＡＩＭＳの寄与の一つといえるだろう。前述の教育における学融合の「見える化」と相まって、同分野の、学内における横の連携の可能性・潜在力を確認した貢献は大きいと考える。

新たな結びつきの展開

成果の三つ目は、他の教育プログラムとの新たなつながりである。まず挙げられるのは、ＳＡＩＭＳの次に「世界展開力強化事業」に採択された留学プログラム（ＬＡＰ：Sophia Nanzan Latin America Program　二〇一五～二〇二〇年度）との相乗効果が挙げられる。このプログラムは、上智大学・南山大学・上智大学短期大学部により、中南米六カ国一三大学への留学プログラムとして実施された。「人の移動と共生」がテーマで、「調和と人間の尊厳を追求する課題解決型の国際高等教育連携交流モデル」の確立を目指した。学生のモビリティー、共生、多様性の調和、課題解決型アプローチなどSAIMSとの共通点も多い。留学直後の説明会を二プログラム共同で行い、顔合わせと自己紹介、それぞれの特設科目に関する情報の共有を行うなど、両プログラムの接点を作る工夫がなされた。その結果、二〇一八年度あたりから、LAP留学者がSAIMS科目を受講、その逆の状況も見られ始めた。一つの教室にラテンアメリカとASEAN地域からの留学生が、正規生も交えて集い議論する光景に、AIMSの掲げる多文化共生と多様性の調和の実践が感じられた。また、プログラムの相乗効果が、学生同士の双方向の学びの「場」から生まれることも実感させられた。

新たなつながりとしての次の例は、COILプログラムとの連携である。COILは、ICTを用いてオンラインで海外の教育機関のクラスと交流をおこなう教育手法である。ICTを利用することにより、遠隔地や紛争地での教育の機会の確保、経済状況に起因した教育の格差是正など、コロナ禍以前よりその価値や可能性は言及されていた。コロナ禍以降は、新しい形の留学や学生交流の形を求めて、AIMSもCOILを含めたICTの利用に積極的に動いており、筆者の担当するSAIMS科目も、これまでに米国二大学、スウェーデン一大学、マレーシア一大学とCOILで連携した。

本学にとって幸いだったのは、パンデミックで人の移動が制限されるに先んじて本学全体でCOILプログラムをスタートさせていたことである。平成三〇年度「大学の世界展開力強化事業～COIL型教育を活用した米国等との大学間交流形成支援～」に、上智大学・お茶の水女子大学・静岡県立大学の三大学合同の構想「人間の安全保障と多文化共生に係る課題発見型国際協働オンライン学習プログラムの開発」が採択された。

これを受けて二〇一九年、前述のTDHDクラスも米国ポートランド大学とCOILを使って教育連携を行った。これは、TDHD輪講担当の各分野の教員に加え、ポートランド大学教授のSteve Kolmes博士（生態学・環境政策）の協力によって実現した。話し合いの結果、Sustainability of aquatic ecosystemを両大学の共通テーマとして設定し、それぞれの視点から異なるサブテーマを設定することに決まった（本学は「里海・里山」をサブテーマに選択）。

このCOIL授業は、イントロダクション・インプット（講義・フィールドワーク）・アウトプット（映像による学生のプレゼンテーション・コメントの交換）と大きく三つの段階を経るように設計された。このプロセスはグラフィック・シラバスでコース冒頭に共有し、常にこのシラバスへ戻って学生と進捗を確認した（**図2**）。上智大学からは三つの録画講義、ポートランド大学からは二つの録画講義が提供・共有された（**表1**）。学生は講義と同時並行でフィールド

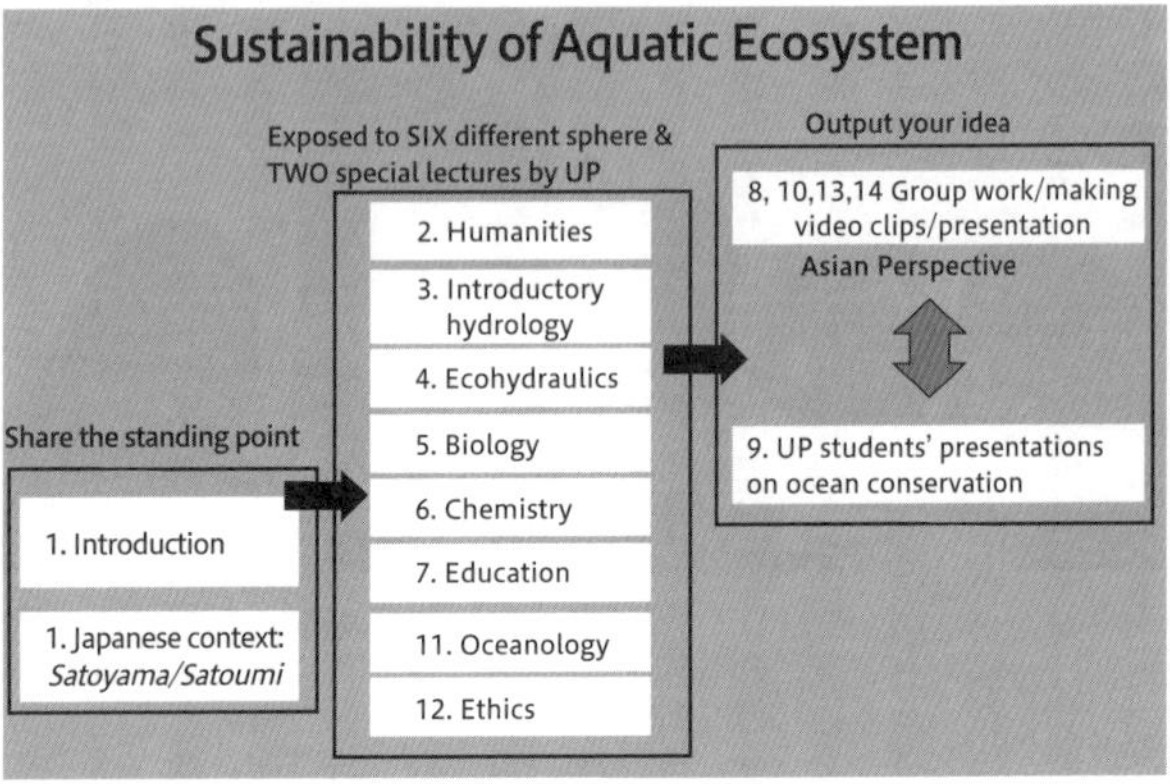

図2　TDHD（2019年度）のグラフィック・シラバス

ワークに参加し、そこでの学びを最終発表である動画制作へ活かすことが求められた。そのため本学では、前出の浅枝隆先生のご尽力と関係組織のご協力を得て、予め五つのフィールドワークを用意（**表2**）、学生はこの中から任意に一つを選び参加した。続けて、同じフィールドワークを行った学生と、教員のアドバイスを受けつつグループワークを行い（**写真3**）、現場での学びを確認するとともに、講義の内容を活かして最終プレゼンテーションにあたる動画を制作、これをポートランド大学教員・学生と共有した。最後に、録画講義や最終プレゼンテーションに対して、学生から口頭で質問を集め、教員の側で動画にまとめてポートランド大学側へ送った。ポートランド大学からは再び録画で回答が届けられた。

表１　TDHD（2019年度）で交換・共有された講義動画と学生制作の動画資料

本学提供の授業
What Satoumi-Satoyama (Prof. Mikiko Sugiura)
Japanese Rivers as Gravel Channels: History and Environment (Prof. Takeshi Asaeda)
Restoring Wetlands, Reviving Wild Salmon Runs: Economic and Ecological Histories of Salmon Propagation and the Kushiro Wetlands, Hokkaido, Japan (Prof. Takeshi Ito)
ポートランド大学提供の授業
Columbia River Salmon: Social and Historical Analysis (Prof. Steve Kolmes)
Water Quality Standards, Fish Conservation and Vulnerable Populations: A Scientific and Theological Ethical Analysis (Prof. Steve Kolmes & Prof. Russ Butkus)
本学学生による動画資料
Rivers in Tokyo, Metropolitan Area (Group 1) Water Environment and Nature in a moat of the Imperial Palace (Group 2) Flood Management in Tokyo (Group 3)
ポートランド大学学生による動画資料
Oregon Marine Reserve Clean Up your Act: the Scale and Severity of the Great Pacific Garbage Patch

表２　TDHD（2019年度）で本学学生に用意されたフィールドツアーのリスト

６月４日（火） 18：30－20：40 (Only in Japanese)	第６回「日本橋上空に青空を取り戻し、東京の堀と川の再生を考える意見交換会」の傍聴
６月15日（土） ８：45－12：00	第14回隅田川クリーン大作戦への参加
６月22日（土） 15：00－16：30 +extra 2 hours	荒川太郎右衛門自然再生地の見学（浅枝隆先生案内）
６月26日（水） 10：00－16：00	水塚痕跡の見学（土屋信行氏解説）・荒川知水資料館見学・荒川くだり体験
６月19日（水） ９：20－12：00	皇居お堀の水質改善のための実態調査（浅枝隆先生案内）

写真3　グループワーク中の学生と浅枝先生（筆者撮影）

ＣＯＩＬの授業への組み込み方は、テーマ、学修目標、利用可能な授業リソース、受講人数などによって千差万別である。加えて、連携相手の場所も重要な条件となる。今回のように、連携先（米国西海岸）が日本と一六時間（夏時間）の時差がある場合、授業時間の重なる時間帯が非常に少ない。実際、ライブでの交流が可能なのは、先方が午後四時、日本が午前九時からの数時間のみであった。そのため、ライブでの交流ではなく、録画による講義やプレゼンの交換による交流方法を選んだ。ライブでの交流例は多様であり、かつ大きな可能性を持っている。ＩＣＴを利用した今後の教育のあり方については、他の章での紹介を参照いただきたい。

ＴＤＨＤへのＣＯＩＬの導入により、ＳＡＩ

ＭＳの目指した課題発見型・学生参加型の志向や分野横断的なアプローチがさらに洗練・強化された。この成果は、双方向的で分野横断的アプローチが、ＩＣＴによる海外大学との教育連携に親和性がある点を示したと思う。特に、「環境」という社会的・地域的要素により多様な事例が存在する分野においては、グローバルとローカルの視点を同時に学びうるＣＯＩＬという手法は、学修目標達成への有効な手段の一つとして大きな可能性を持っているといえるだろう。

課題としての学修成果・教育効果の可視化

以上、教育における学融合の「見える化」、環境分野への教育アプローチの寄与、新たな結びつきの展開、というＳＡＩＭＳプログラムの三つの成果を挙げた。いずれも、分野横断的で、かつ「ヒト」を起点とした特徴を最大限に活用した結果だと思う。

他方で、これらのアプローチが今後も継続的に成果を上げるには様々な課題がある。特に、学修成果・教育効果の把握や可視化の観点から、学融合やアクティブ・ラーニングによる学修・教育効果をどうやって「見える化」していくか、が問題となるだろう。

二〇二一年度より、上智大学は大学の方針として、学修成果・教育効果の把握・可視化と、それらの取り組みへの質保証サイクルの活用を明確にした。これは、二〇二〇年の中央教育審議会大学分科会による『教学マネジメント指針』(令和二年一月二二日) に依拠する。他方、目を世界に転じてみると、UNESCOやOECD (経済開発協力機構) などで、二〇年も前からこの課題が発信・共有されてきた。

彼らの議論の中心は、「不確実性を増す未来を生きていく学生に必要な資質は何か」という点にある。世界が不安定・不確実・複雑・曖昧さ (VUCA : Volatility, Uncertainty, Complexity and Ambiguity) を増す一方、デジタル技術、人工知能、バイオテクノロジーといった技術革新は、これまでの人の行動、知識の獲得方法やその内容、学修パターンなどに変化をもたらした。加えて、その変化による恩恵や影響において、今まで以上に格差が生じる恐れがある。

このような高度に情報化した不確実・不平等な社会への移行に対して、学修者それぞれが己を客観的に認知し、現状を把握した上で、問題を発見し解決していく能力の醸成が望まれている。つまり、学生に対しては、困難な未来の状況に対して、自分の頭で考え行動せよ、教育者に対しては、彼らの自己責任と自覚を促す教育をしろ、という要請である。

OECDのEducation 30 (正式名称 : OECD Future of Education and Skills 2030 project) フェーズ一で提示されたOECD Learning Compass 2030は、生徒や学生が「変化を起こすために、

自分で目標を設定し、振り返り、責任をもって行動する能力」（エージェンシー）を持っているとする（白井 二〇二〇）。そして、学修・教育は、生徒や学生が生来持つそのエージェンシーを開発・発展させる効果を持たなければならない。具体的には、創造性・批判的思考能力であるＣＣＴスキル（creativity and critical thinking skill）やメタ認知能力の向上を目指す。成果の把握・可視化は、エージェンシーの開発・発展の手段である。

難しいのは、全ての科目や授業形態において同じ方法で「見える化」ができるか、という点である。特に、成果の数値化と内容の多様性をいかに両立させるのか、どのように学修成果を比較するのか、には注意が必要だろう。例えば、前述のＣＯＩＬを導入したＴＤＨＤであれば、いわゆる「chalk and talk」という伝統的な授業形態以上に、フィールドワークやグループワークを通じた一連の思考・行動、すなわち、訪れたフィールドでの観察、問題点の抽出、解決ゴールの設定、それに向けた実行可能な方法の選定といった一連の試行錯誤に意味があり、いわば脱線や迂回こそが価値を持つといっても過言ではない。

予め最低限の達成目標をルーブリックとして共有すれば、各学生の修学度はある程度は確認することができる。しかし、脱線や迂回の価値や、それが内包する可能性を予め予想することは不可能である。そもそも、ケースごとの達成度の比較はどうすればいいのだろうか。例えば一〇名の参加者のうち、一名の突出した稀有な将来的リーダーを輩出した場合（一名のみが目標を達成）と、五名のほどほどの見識を持った未来の世代を送り出した場合（五名が目標を達成）とで、後者の成果を前者のそれより五倍に評価できるか、というとにわかには首肯しがたい。目標値の設定方法こそが論点であるという反駁は当然ながら、合計した数に反映されない、ひとりひとりの学修の深さや多様性をいかに汲み取るか、という視点も見過ごすことはできないのではないだろうか。

評価にも多様性を反映できるグローバル教育へ

右に挙げたのは極端な例であるが、数値化によって却って見えなくなったり、見落とされたりする学修成果・教育効果もあるのは確かだろう。データ化による把握・評価に努めつつ、「いかに多様性を評価に組み込むか」を模索することも今後の大学教育、特に多様性を内包するグローバル教育における課題の一つだと考える。

近年、教育評価指標に関して、ＯＥＣＤ教育研究革新センター（CERI Center for Educational Research and Innovation）を中心とした国際的な取り組みが活発である。高等教育機関における学生のＣＣＴスキル向上の取り組みとしては、例えば、Fostering and assessing students' creative and critical thinking skills in higher education プロジェクトがある（二〇一九～二〇二二）。高等教育でのCCTスキル育成に必要な要素は何かを議論し、それに適した教授法・評価方法を開発・実施することを目的とする。日本からの参加校（上智大学・国際基督教大学）を合わせて、世界で一四ヵ国・二六大学が参加している。両大学は共同で、「高等教育における学修成果の可視化に関する国際共同研究」（科学研究費基盤研究B　二〇二一～二〇二五　研究代表者・杉村美紀）も同時に進行させている。基礎教育における文化的社会的差異に着目し、大学教育におけるCCTスキルの再定義やOECDルーブリックの再検討に反映する見解（西村・ウィリアムズ）、社会科学と自然科学において求められるCCTスキルの差異への留意（小松）など、色々な角度から「多様性」への対応を試みているのは興味深い。

筆者が担当するSustainable Development（SAIMS科目の一つ）でも、同様の取り組みの一環として、二〇二一年度コース終了直後に、フォーカス・グループ・インタビューを行った。ここでは、学びの多様性、CCTスキル向上、および両者の関係を調査目的とした。受講者九名と小さなクラスであったため、グループワークは三名ずつ三組で行い、インタビューはその三つのグループ中で一番活発に活動していた一グループを対象に行った。半構造的インタビューで、予め質問は用意した（表3）。

表3　CCTスキル向上に関するフォーカス・グループ・インタビューの質問項目（抜粋）

内容（英語による質問を和訳）：全18問のうち抜粋	
1	CCTを定義してください。また、最も影響を受けた授業の場面を教えてください
Creativity：以下の項目を10段階で評価してください	
2	このクラスは学生たちに新たな考え方を取り入れることを積極的に推奨した
6	このクラスは学んだことを行動に移すことを推進した
Critical Thinking：以下の項目を10段階で評価してください	
10	このクラスは学生たちに自分たちなりの環境の視点をもてるよう促した
11	このクラスは批判的に思考し、自分たちなりの考えをもてるよう促した
18	このクラスは自分たちの持っているバイアスについて敏感になるよう促した

基本的には学生のうち誰かがファシリテーターとしての役割を果たす形で五〇分弱行った。分析は、小規模データへの適用に強みがあるSCAT（Steps for Coding and Theorization）を用いた。その結果、前述の西村・ウィリアムズがいうところの「時系列の理解や過去の思想への共感・主観的な同調を重視する」日本の学習文化（二〇二二）に則った授業構成やコンテンツは、「持続可能な開発」概念の理解において、学生のバックグラウンドの多様性をよく反映することが分かった。「分析力や要因・因果関係の客観的な探究を重視する」米国の学習文化との対比において、興味深い結果である。また、「持続可能な開発」の多様な理解が進むに伴って、学生は能動的

な気づきや、視点の相対化の機会が増え、ＣＣＴスキルの向上も認められた。印象的だったのは、授業で最終的に得られたものとして学生が指摘したのが、「何か新しいことを生み出すこと」（通常の creativity の定義）より、appreciation（感謝）や respect（尊重の気持ち）という態度や心持ちであったことであった。私たちは、教育の最終目標に「何か新しいものを生み出すこと」を据えがちだが、「今ここにある」ことや「今を成り立たせている全ての存在への」感謝や尊重という気持ちこそ、グローバル市民の育成にとって最上位に位置する、将来を見据えた目指すべき価値観かもしれない、と気づかされた。

翻って、多様性は、ＳＡＩＭＳを支える重要な柱の一つである。その「多様性」の強みを、学習・教育効果の把握・指標化という強い要請の中で活かしていけるか。その成否が、学融合という分野横断的な教育アプローチの実質的な持続可能性を、今後は担保していくことになるのでないか、と考えている。

［注］

（1）多文化共生は、ＥＳＤ（持続可能な開発のための教育）のキーコンセプトの一つでもある。詳しくは、田中治彦・杉村美紀編『多文化共生社会におけるＥＳＤ・市民教育』（上智大学出版、二〇一四年）を参照のこと。

（2）永田（二〇二〇）は、ESD for 2030に関する寄稿文の中で、ＥＳＤがグローバリズムと結託する新自由主義的な性格が強いという批判があることを踏まえつつも、「開発もしくは持続可能な開発自体を批判的に問い直すような対話の文化を創出するところにＥＳＤの真義が見出せるのではないか」という見解を提示している。

■主な参考文献

小松太郎「高等教育機関におけるＥＳＤの評価デザイン―プログラム評価手法の適用―」『上智大学教育学論集』五五号、二〇二一年、二九～四二頁

白井俊『OECD Education2030プロジェクトが描く教育の未来』ミネルヴァ書房、二〇二〇年

永田佳之「‘ESD for 2030’を読み解く：「持続可能な開発のための教育」の真髄とは」『ＥＳＤ研究』3、二〇二〇年、四二～八八頁

Enayat A. Moallemi et al., “Achieving the Sustainable Development Goals Requires Transdisciplinary Innovation at the Local Scale,” *One Earth*, vol. 3, Issue 3, 18 September 2020, 300-313.

Ito, Takeshi and Sugiura, Mikiko. “Satoyama Landscapes as Ecological Mosaics of Biodiversity: Local Knowledge, Environmental Education, and the Future of Japan’s Rural Areas.”

Environment: Science and Policy for Sustainable Development, vol. 63, Issue 5, 2021, 14–25.

Nishimura, Mikiko and Williams, James. "Socio-cultural Differences in Creativity and Critical Thinking: An Epistemological Diversity?" in *Teaching and learning transversal competencies in ASEAN countries and their neighbours*, James H. Williams, Smart, A. & Sinclair, M. (eds.), Viet Nam National Institute of Educational Sciences (VNIES) and NISSEM (Forthcoming).

Sugimura, Miki. "Liberal Arts Education and the Jesuit Catholic Mission: The Case of Sophia University Japan." in *Doing Liberal Arts Education: The Global Case Studies*, Nishimura, M. and Sasao, T. (eds.). Singapore, Springer, 2019, 159–170.

変化と変革の未来のために

――これからのグローバル教育とは

上智大学　学長
曄道　佳明

グローバル教育センターの開設一〇周年にあたり、当時の開設準備及びこの間の運営に携わられた関係者に、上智大学学長として心から感謝の気持ちをお伝えしたい。上智大学の特徴的な教育として、センターが果たした役割は計り知れないと考えている。学長として一〇周年を共に祝うことができることは望外の喜びである。

巻頭にて編者が述べている通り、グローバル教育とは、「社会情勢、特に社会のグローバル化に対応する、あるいは牽引する学生を育成するために必要な教育とはいかに」という問いが生んだ、新たな教育を指すものであったように思う。海外で用いられるGlobal Educationという言葉は、国際連携によって果たされる教育プログラムを指すことが多いように思うが、我が国では、社会のグローバル化の遅れへの焦燥感からか、グローバル社会に適応する人材育成教育と捉えられがちである。編者が指摘するように、各大学の取り組みは様々であったし、各大学の取り組みが猛烈な勢いを有したがゆえに、グローバル教育を定義するという機運にも恵まれなかった。一方で、かつて我が国の経済界から大学に強く要請されたグローバル人材育成について考えてみると、当時その要件とされた項目も、現在のグローバル化の展開の中では、もはや物足りない表現に映る。すなわちグローバル教育も、社会情勢や対象となる学生の資質、経験値などによって変化していくものなのであろう。

上智大学のグローバル教育の変遷を振り返ると、グローバル教育のあり方をいくつか提案できたという自負と、固定的な取り組みとなっていないかという危惧とが常に同居する。もちろん後者の危惧は、グローバル教育に対する取り組み姿勢に起因するものではなく、社会情勢の変化や海外の高等教育の変貌が急速に進むことに対する、相対的な位置づけへの不安を指している。大学が国際連携などを果たしながら、新たな教育プログラムやコースを開設・実施・評価しようとすると、そのサイクルは自ずと四年程度を要するであろう。この周期に対して、大学を取り巻く環境、大学に対する期待の変化の周期は明らかに短い。このような状況下でのグローバル教育を主導する本学グローバル教育センターの奮闘には、ただただ頭が下がる思いである。

前述のように、グローバル教育センターは、上智大学の普遍的価値観を盛り込みながらも、変わりゆくグローバル社会を睨みながら、まさに臨機応変の教育開発を継続する宿命にあるが、それと同時に、グローバル教育に課されるもう一つの要請がある。それは上智大学に学ぶ学生の多様化への対応である。彼らの大学に就学するまでの経験値、将来像、信念、志を持つに至った経緯は、実に多様になっている。かつてアフリカへの研修プログラムの学生引率に同行した際、学生に参加の動機を尋ねたところ、「アフリカという遠い存在を見てみたい」という想定内の答えと共に、「開発を必要とする地域にビジネスを起こして現地社会に貢献したいので、まず現地の実態に多く触れたいと思った」という答えもあった。この答えを提示したのは一年生であった。現地でビジネスを起こすという具体的な作業の全貌は掴めていなかったであろうが、そこにはすでに夢と志が存在している。このように、とりわけグローバル教育においては、学生の夢や志を生み育む効果のみならず、すでに学生自身が持ち合わせている将来像を具体化していくプロセスという役割も求められる。

学生主体の学びのあり方が、高等教育における教育課題として大きく取り上げられてきた。その際、教える側と教えられる側に相互のやり取りがあり、一方通行の教授ではなく、学生が主人公である教育の構築が求められる。現段階で日本の高等教育が学生に提供すべきは、学生が自身の学びをデザインできる環境であろうと思われる。アクティブ・ラーニングなどの学びの形態に留まらず、学生が何を学び、何を経験し、どのような学修キャリアを経て次なるステップに向かうのか、そして卒業後も社会人として学び続ける基盤をどのように構築するのか、これらは本来学生自身によって構想されるべき事柄であろう。入学したての学生にそのデザインを課すことは無理だという見方もあるかもしれない。しかし、これは高大連携の本質的課題として捉えられるべきものであり、学生にデザイン力が備わったことを前提にしてこそ、グローバル教育の体系、内容、科目配置の意味付けがより強く鮮明化されるであろうと考える。

社会は変容を続け、その社会に向き合う学生達も変化していく。グローバル教育には終着点、完成形はない。そこに上智らしさを盛り込むという本学にとっての本質的な施しも必要である。この多くの課題を克服しながら前進するグローバル教育センターの取り組みは、まさに上智大学のミッションと社会への向き合いの象徴である。

【執筆者紹介】（執筆順）

（二〇二三年三月現在）

佐久間　勤　学校法人上智学院理事長

出口　真紀子　上智大学外国語学部英語学科教授、グローバル教育センター長

東　大作　上智大学グローバル教育センター教授

アガスティン・サリ　学校法人上智学院総務担当理事、上智大学総合グローバル学部総合グローバル学科教授

廣里　恭史　上智大学グローバル教育センター教授、Sophia GED 代表取締役、元グローバル教育センター長

小松　太郎　上智大学総合人間学部教育学科教授、元グローバル教育センター長

丸山　英樹　上智大学総合グローバル学部総合グローバル学科教授

李　ウォンギョン　上智大学グローバル教育センター特任助教

水谷　裕佳　上智大学グローバル教育センター教授

杉浦　未希子　上智大学グローバル教育センター教授

曄道　佳明　上智大学学長、上智大学理工学部機能創造理工学科教授

グローバル教育を実践する

――多様な領域からのアプローチ

2023年３月30日　第１版第１刷発行

編　者：杉浦未希子

　　　　水谷裕佳

発行者：佐久間勤

発　行：Sophia University Press

　　　　上智大学出版

　　　　〒102-8554　東京都千代田区紀尾井町7-1

　　　　URL：https://www.sophia.ac.jp/

制作・発売　㈱ぎょうせい

〒136-8575　東京都江東区新木場1-18-11

URL：https://gyosei.jp

フリーコール　0120-953-431

〈検印省略〉

Printed in Japan

印刷・製本　ぎょうせいデジタル㈱

ISBN978-4-324-11266-3

(5300326-00-000)

[略号:（上智）グローバル教育実践]

Sophia University Press

上智大学は、その基本理念の一つとして、
「本学は、その特色を活かして、キリスト教とその文化を研究する機会を提供する。これと同時に、思想の多様性を認め、各種の思想の学問的研究を奨励する」と謳っている。

大学は、この学問的成果を学術書として発表する「独自の場」を保有することが望まれる。どのような学問的成果を世に発信しうるかは、その大学の学問的水準・評価と深く関わりを持つ。

上智大学は、(1)　高度な水準にある学術書、(2)　キリスト教ヒューマニズムに関連する優れた作品、(3)　啓蒙的問題提起の書、(4)　学問研究への導入となる特色ある教科書等、個人の研究のみならず、共同の研究成果を刊行することによって、文化の創造に寄与し、大学の発展とその歴史に貢献する。

Sophia University Press

One of the fundamental ideals of Sophia University is "to embody the university's special characteristics by offering opportunities to study Christianity and Christian culture. At the same time, recognizing the diversity of thought, the university encourages academic research on a wide variety of world views."

The Sophia University Press was established to provide an independent base for the publication of scholarly research. The publications of our press are a guide to the level of research at Sophia, and one of the factors in the public evaluation of our activities.

Sophia University Press publishes books that (1) meet high academic standards ; (2) are related to our university's founding spirit of Christian humanism ; (3) are on important issues of interest to a broad general public ; and (4) textbooks and introductions to the various academic disciplines. We publish works by individual scholars as well as the results of collaborative research projects that contribute to general cultural development and the advancement of the university.

Practicing Global Education:
Approaches from Various Disciplines

published by
Sophia University Press

production & sales agency : GYOSEI Corporation, Tokyo
ISBN978-4-324-11266-3
order : https://gyosei.jp